高等职业教育经典系列教材·财务会计类

# 财务大数据分析
## （活页式教材）

主　编　冷雪艳　崔　婧　黄　媛
副主编　李林雪　苗小爱　李　慧

北京理工大学出版社
BEIJING INSTITUTE OF TECHNOLOGY PRESS

版权专有　侵权必究

### 图书在版编目（CIP）数据

财务大数据分析／冷雪艳，崔婧，黄媛主编．－－北京：北京理工大学出版社，2023.2
ISBN 978－7－5763－2102－9

Ⅰ．①财⋯ Ⅱ．①冷⋯ ②崔⋯ ③黄⋯ Ⅲ．①财务管理－数据处理－高等学校－教材 Ⅳ．①F275

中国国家版本馆 CIP 数据核字（2023）第 029143 号

出版发行　／　北京理工大学出版社有限责任公司
社　　址　／　北京市海淀区中关村南大街 5 号
邮　　编　／　100081
电　　话　／　（010）68914775（总编室）
　　　　　　　（010）82562903（教材售后服务热线）
　　　　　　　（010）68944723（其他图书服务热线）
网　　址　／　http：／／www.bitpress.com.cn
经　　销　／　全国各地新华书店
印　　刷　／　河北盛世彩捷印刷有限公司
开　　本　／　787 毫米×1092 毫米　1／16
印　　张　／　12
字　　数　／　230 千字
版　　次　／　2023 年 2 月第 1 版　2023 年 2 月第 1 次印刷
定　　价　／　45.00 元

责任编辑　／　申玉琴
文案编辑　／　申玉琴
责任校对　／　刘亚男
责任印制　／　施胜娟

图书出现印装质量问题，请拨打售后服务热线，本社负责调换

# 前　言

财务大数据分析是高职高专院校财经类专业核心课程，主要针对财经专业类学生必须掌握的财务分析能力编写，从内容选取到表现形式贴近学生、贴近会计实务，力求更好地为培养专业人才服务。

教材的基本特色如下：

**1. 以综合职业能力培养为目标，体现教学内容的职业性**

教材以财务分析岗位的职业能力为本位，选择其典型工作任务，设计理实一体化的学习任务，在发展学生专业能力的同时，促进学生探究学习、分析问题和解决问题、语言和文字表达、数据处理与分析等通用能力的提升。

**2. 以行动为导向的教学组织，体现以学生为中心的教学理念**

每一个学习任务都以"明确任务、获取信息、制订计划、做出决策、实施计划、评价反馈"完整的行动方式来组织教学。在行动过程中，学生参与每一个环节，是学习活动的主体，充分体现了以学生为中心的教学理念。行动过程中，解决问题的方法并不是唯一的，而是多样化的，对学生的评价是对其综合能力的评价，不单纯地以对与错来评判。

**3. 融入大数据分析思维和能力，体现教学内容的高阶性和创新性**

党的二十大报告明确指出要加快发展数字经济，加快深化产业数字化转型。"上云用数赋智"行动更深层次推进了大数据融合应用，支持企业智能化改造。大数据、人工智能与财务业务的深度融合，推动了财务工作向智能化的过渡。财务人员向管理型复合型人才转型，需要具备大数据收集、处理和分析能力，综合运用BI、Python等大数据分析工具进行财务分析、预测和决策。学习任务，融"业财一体"财务分析理念、大数据分析思维、数据统计和分析能力、大数据分析工具应用实战于一体，体现了教学内容高阶性和创新性。

本教材分为五大学习领域，每个学习领域按照岗位工作流程划分学习任务。

学习领域一：财务报表初步分析

学习领域二：财务报表项目分析

学习领域三：财务比率分析与综合分析

学习领域四：投资分析与决策

学习领域五：Python项目实战

本教材由冷雪艳、崔婧、黄媛担任主编，李林雪、苗小爱、李慧担任副主编，新道科技股份有限公司教学团队参编。李林雪编写学习领域一、学习领域二，崔婧、黄媛编写学习领域四，李慧编写学习领域三，苗小爱编写学习领域五。全书由冷雪艳进行修改和定稿。

教材在编写过程中，得到了北京理工大学出版社的支持和帮助，在此深表感谢！在编写过程中，新道科技股份有限公司参与了教材的整体框架设计，并对教材的编写提供了有益的案例资料和宝贵建议，在此一并表示感谢。

由于编者水平有限，书中难免存在不妥之处，敬请广大读者批评指正。

编　者

# 目 录

## 学习领域一　财务报表初步分析

学习任务一　资产负债表初步分析 …………………………………………… 1
学习任务二　利润表初步分析 ………………………………………………… 16
学习任务三　现金流量表初步分析 …………………………………………… 27
学习任务四　所有者权益变动表初步分析 …………………………………… 39

## 学习领域二　财务报表项目分析

学习任务一　资产负债表项目分析 …………………………………………… 48
学习任务二　利润表项目分析 ………………………………………………… 71
学习任务三　现金流量表项目分析 …………………………………………… 87
学习任务四　所有者权益变动表项目分析 …………………………………… 99

## 学习领域三　财务比率分析与综合分析

学习任务一　盈利能力比率分析 ……………………………………………… 107
学习任务二　偿债能力比率分析 ……………………………………………… 116
学习任务三　营运能力比率分析 ……………………………………………… 125
学习任务四　发展能力比率分析 ……………………………………………… 133
学习任务五　杜邦分析体系 …………………………………………………… 141

## 学习领域四　投资分析与决策

学习任务一　行业整体分析 …………………………………………………… 149
学习任务二　筛选投资对象 …………………………………………………… 158

## 学习领域五　Python 项目实战

学习任务一　企业财务数据采集 …………………………………………………… 164
学习任务二　数据可视化 …………………………………………………………… 178

参考文献 ……………………………………………………………………………… 186

# 学习领域一

# 财务报表初步分析

## 学习任务一  资产负债表初步分析

**学习情境描述**

根据比亚迪（股票代码：002594）的资产负债表报告，搜集相关的财务数据与非财务信息，完成对比亚迪的资产负债表的初步分析，为公司投资决策提供支持。

**学习目标**

（1）了解资产负债表初步分析的目的。
（2）掌握资产负债表初步分析的方法、内容与要点。
（3）能够团队合作完成资产负债表分析，并完成整体分析报告撰写。

情境导入：比亚迪的企业简介

**任务书**

在比亚迪财务部门月度工作例会上，财务总监提到公司总经理要对公司的整体经营情况开展全面的调研，以全面掌握企业的经营状况，财务部将从财务角度提供相关的经营分析报告，为总经理的经营决策提供支持。作为财务分析专员，依据工作流程，你需要对资产负债表进行初步分析，并做出专业的分析报告。

**获取信息**

**引导问题1**：资产负债表是反映企业在某一特定日期全部_____、_____和_____的会计报表，因此在进行资产负债表分析时必须包含以上三部分内容。另外，除了对资产负债表进行整体分析外，财务分析者还要对资产负债表的_____进行详细分析，以便发现需要重点关注的问题。

视频：企业资产负债表的初步分析要点

**引导问题2**：仅从整体上来解读资产负债表是不够的，还需要深入分析资产、负债和所有者权益的内部结构，我们可以借助_____与_____两种方法对其进行分析。请列举两种分析方法的侧重点。

**引导问题3**：请结合资产负债表以及企业的业务发展，简述企业货币资金增减变动的原因。

**引导问题4**：在流动资产和销售收入不变的情况下，应收账款的绝对额增加了，表明企业变现能力在_____，承担的风险_____，其占用比重_____。如果应收账款的增长与流动资产增长、销售收入增长相适应，表明应收账款占用比重比较合理。

**引导问题5**：存货由原材料、在产品与产成品三类组成，对它们进行分析时分别应注意什么？

**引导问题6**：流动负债增减变动分析主要是通过_____的增减变动分析企业短期融资渠道的变化情况及偿债压力的大小，借以分析企业短期资金的融资能力对企业生产经营活动的影响。

**引导问题7**：长期负债增减变动分析主要是通过_____的增减变动，分析企业长期融资渠道的变化情况，借以判断企业长期资金的融资能力。

**引导问题8**：引起所有者权益增减变动的主要原因有_____、_____、_____等。通过对所有者权益增减变动的分析，财务分析人员可以进一步了解企业对负债偿还的保证程度和企业自己积累资金、融通资金的能力与潜力。

**引导问题9**：请结合企业所处行业环境以及企业具体情况，判断流动资产的构成比重在何种范围内是合理的。

**引导问题10**：请结合企业的行业特点、生产规模和发展方向，判断固定资产的构成比重在何种范围内是合理的。

**引导问题 11**：流动负债构成反映了企业依赖短期债权人的程度。流动负债所占的比重越高，说明企业对短期资金的依赖性越_____，企业偿债的压力也就越_____，要求企业资金周转的速度越_____；反之，说明企业对短期资金的依赖程度较_____，企业面临的偿债压力也就较_____。

**引导问题 12**：长期负债构成反映了企业依赖长期债权人的程度。长期负债所占的比重越高，表明企业在经营中借助长期资金的程度越_____；反之，说明企业借助长期资金的程度越_____，企业面临的偿债压力也就越_____。

**引导问题 13**：所有者权益构成可以反映企业承担风险能力和经济实力。所有者权益构成比重越大，企业的财务状况越_____，债务危机发生的可能性就越_____。

## 工作实施

搜集比亚迪（股票代码：002594）2018—2020 年的年度报告及其他非财务信息，仔细研读资产负债表相关内容，完成资产负债表分析（表 1 – 1 – 1 ~ 表 1 – 1 – 3）。

比亚迪 2018—2020 年资产负债表

# 一、资产负债表整体分析

**表 1 – 1 – 1　比亚迪 2020 年度资产整体构成**

单位：亿元

| 项目 | 年末 | 年初 | 项目 | 年末 | 年初 |
|---|---|---|---|---|---|
| 资产总计 |  |  | 负债合计 |  |  |
|  |  |  | 所有者权益合计 |  |  |

**分析评价**：2020 年年末与 2019 年年末相比，比亚迪的资产总额增加了_____，其中，负债总额增加了_____，所有者权益总额增加了_____。比亚迪的资产总额的变化，说明公司的规模在_____。负债总额和所有者权益总额都出现了不同程度的增加，所有者权益的增长_____负债总额的增长，说明公司的资产增长主要来自_____，资产增长的质量_____。

## 二、资产负债表横向结构分析

表1-1-2 比亚迪资产负债表横向结构变动情况分析

单位：亿元

| 项目 | 期末余额（1） | 期初余额（2） | 变动情况 | | 对总资产的影响（5）=（3）/资产总额 |
|---|---|---|---|---|---|
| | | | 变动额（3）=（1）-（2） | 变动率（4）=（3）/（2） | |
| 流动资产 | | | | | |
| 　　货币资金 | | | | | |
| 　　交易性金融资产 | | | | | |
| 　　应收票据 | | | | | |
| 　　应收账款 | | | | | |
| 　　应收款项融资 | | | | | |
| 　　预付款项 | | | | | |
| 　　其他应收款合计 | | | | | |
| 　　存货 | | | | | |
| 　　合同资产 | | | | | |
| 　　一年内到期的非流动资产 | | | | | |
| 　　其他流动资产 | | | | | |
| 流动资产合计 | | | | | |
| 非流动资产 | | | | | |
| 　　可供出售的金融资产 | | | | | |
| 　　长期应收款 | | | | | |
| 　　长期股权投资 | | | | | |
| 　　其他权益工具投资 | | | | | |
| 　　其他非流动金融资产 | | | | | |
| 　　投资性房地产 | | | | | |
| 　　固定资产 | | | | | |
| 　　在建工程 | | | | | |
| 　　工程物资 | | | | | |

续表

| 项目 | 期末余额（1） | 期初余额（2） | 变动情况 | | 对总资产的影响（5）=（3）/资产总额 |
| --- | --- | --- | --- | --- | --- |
| | | | 变动额（3）=（1）-（2） | 变动率（4）=（3）/（2） | |
| 　　无形资产 | | | | | |
| 　　开发支出 | | | | | |
| 　　商誉 | | | | | |
| 　　长期待摊费用 | | | | | |
| 　　递延所得税资产 | | | | | |
| 　　其他非流动资产 | | | | | |
| **非流动资产合计** | | | | | |
| **资产合计** | | | | | |
| **流动负债** | | | | | |
| 　　短期借款 | | | | | |
| 　　交易性金融负债 | | | | | |
| 　　应付票据 | | | | | |
| 　　应付账款 | | | | | |
| 　　预收款项 | | | | | |
| 　　合同负债 | | | | | |
| 　　应付职工薪酬 | | | | | |
| 　　应交税费 | | | | | |
| 　　其他应付款合计 | | | | | |
| 　　预计流动负债 | | | | | |
| 　　一年内到期的非流动负债 | | | | | |
| 　　其他流动负债 | | | | | |
| 　　流动负债其他项目 | | | | | |
| **流动负债合计** | | | | | |
| **非流动负债** | | | | | |
| 　　长期借款 | | | | | |
| 　　应付债券 | | | | | |

续表

| 项目 | 期末余额（1） | 期初余额（2） | 变动情况 | | 对总资产的影响（5）=（3）/资产总额 |
| --- | --- | --- | --- | --- | --- |
| | | | 变动额（3）=（1）-（2） | 变动率（4）=（3）/（2） | |
| 租赁负债 | | | | | |
| 递延所得税负债 | | | | | |
| 其他非流动负债 | | | | | |
| 非流动负债合计 | | | | | |
| 负债合计 | | | | | |
| 所有者权益 | | | | | |
| 实收资本 | | | | | |
| 其他权益工具 | | | | | |
| 资本公积 | | | | | |
| 其他综合收益 | | | | | |
| 专项储备 | | | | | |
| 盈余公积 | | | | | |
| 未分配利润 | | | | | |
| 归属于母公司股东权益总计 | | | | | |
| 少数股东权益 | | | | | |
| 股东权益合计 | | | | | |
| 负债和股东权益总计 | | | | | |

分析评价：

**1. 从资产角度进行分析评价**

从总体上看，比亚迪总资产本期增加了_____亿元，增加幅度为_____，说明该公司本年资产规模_____。流动资产总额对总资产的影响为_____，非流动资产总额对总资产的影响为_____，说明比亚迪的资产流动性较_____，收益性较_____。

（1）流动资产增加了_____亿元，增长幅度为_____，使总资产规模扩大了_____，说明该公司的流动性_____。其他流动资产本期对总资产的影响为_____，主要是由于_____变动导致的；应收账款本期减少了_____亿元，变动率为_____，对总资产的影响为_____。货币资金本期增加了_____亿元，变动率为_____，对总资产的影响为_____。

（2）非流动资产本期增加了_____亿元，变动率为_____，对总资产的影响为_____。在建工程本期减少了_____亿元，变动率为_____，对总资产的影响为_____，说明_____。固定资产本期增加了_____亿元，变动率为_____，对总资产的影响为_____。固定资产规模体现一个企业的生产能力，但仅仅根据固定资产规模大小并不能判断该企业的生产能力上升或者下降，还要根据_____的变化情况来判断。

**2. 从负债和权益角度进行分析评价**

比亚迪负债和所有者权益总额本期增加了_____亿元，增幅为_____，主要原因是所有者权益对总权益的影响较_____，变动率为_____，对总资产的影响为_____。

（1）负债总额本期增加了_____亿元，变动率为_____，使总权益增加了_____。其中流动负债本期变化了_____亿元，变动率为_____，使权益变化了_____亿元。

流动负债中应付账款本期增加了_____亿元，变动率为_____，使总权益增加了_____。非流动负债本期增加了_____亿元，变动率为_____，对权益的影响为_____。

（2）所有者权益本期增加了_____亿元，变动率为_____，使总权益增加了_____，其中未分配利润本期增加了_____亿元，变动率为_____，使权益总额增加了_____；股本本期变化了_____亿元，变动率为_____，使权益总额增加了_____；盈余公积本期增加了_____亿元，变动率为_____，使权益总额增加了_____。

## 三、资产负债表纵向结构分析

### 表1-1-3 比亚迪资产负债表纵向结构变动情况分析

单位：亿元

| 项目 | 期末余额（1） | 期初余额（2） | 期末结构百分比（3）=（1）/资产总额 | 期初结构百分比（4）=（2）/资产总额 | 变动情况（5）=（3）-（4） |
|---|---|---|---|---|---|
| **流动资产** | | | | | |
| 货币资金 | | | | | |
| 交易性金融资产 | | | | | |
| 应收票据 | | | | | |
| 应收账款 | | | | | |
| 应收款项融资 | | | | | |
| 预付款项 | | | | | |
| 其他应收款合计 | | | | | |

续表

| 项目 | 期末余额（1） | 期初余额（2） | 期末结构百分比 (3)=(1)／资产总额 | 期初结构百分比 (4)=(2)／资产总额 | 变动情况（5）= (3)-(4) |
|---|---|---|---|---|---|
| 存货 | | | | | |
| 合同资产 | | | | | |
| 一年内到期的非流动资产 | | | | | |
| 其他流动资产 | | | | | |
| **流动资产合计** | | | | | |
| **非流动资产** | | | | | |
| 可供出售的金融资产 | | | | | |
| 长期应收款 | | | | | |
| 长期股权投资 | | | | | |
| 其他权益工具投资 | | | | | |
| 其他非流动金融资产 | | | | | |
| 投资性房地产 | | | | | |
| 固定资产 | | | | | |
| 在建工程 | | | | | |
| 工程物资 | | | | | |
| 无形资产 | | | | | |
| 开发支出 | | | | | |
| 商誉 | | | | | |
| 长期待摊费用 | | | | | |
| 递延所得税资产 | | | | | |
| 其他非流动资产 | | | | | |
| **非流动资产合计** | | | | | |
| **资产合计** | | | | | |
| **流动负债** | | | | | |
| 短期借款 | | | | | |
| 交易性金融负债 | | | | | |
| 应付票据 | | | | | |

续表

| 项目 | 期末余额（1） | 期初余额（2） | 期末结构百分比 (3)=(1)／资产总额 | 期初结构百分比 (4)=(2)／资产总额 | 变动情况（5）= (3)-(4) |
|---|---|---|---|---|---|
| 应付账款 | | | | | |
| 预收款项 | | | | | |
| 合同负债 | | | | | |
| 应付职工薪酬 | | | | | |
| 应交税费 | | | | | |
| 其他应付款合计 | | | | | |
| 预计流动负债 | | | | | |
| 一年内到期的非流动负债 | | | | | |
| 其他流动负债 | | | | | |
| 流动负债其他项目 | | | | | |
| **流动负债合计** | | | | | |
| **非流动负债** | | | | | |
| 长期借款 | | | | | |
| 应付债券 | | | | | |
| 租赁负债 | | | | | |
| 递延所得税负债 | | | | | |
| 其他非流动负债 | | | | | |
| **非流动负债合计** | | | | | |
| **负债合计** | | | | | |
| **所有者权益** | | | | | |
| 实收资本 | | | | | |
| 其他权益工具 | | | | | |
| 资本公积 | | | | | |
| 其他综合收益 | | | | | |
| 专项储备 | | | | | |
| 盈余公积 | | | | | |
| 未分配利润 | | | | | |

续表

| 项目 | 期末余额（1） | 期初余额（2） | 期末结构百分比<br>（3）=（1）/资产总额 | 期初结构百分比<br>（4）=（2）/资产总额 | 变动情况（5）=<br>（3）-（4） |
|---|---|---|---|---|---|
| 归属于母公司股东权益总计 | | | | | |
| 少数股东权益 | | | | | |
| 所有者权益合计 | | | | | |
| 负债和所有者权益总计 | | | | | |

分析评价：

（1）从静态构成比重来看，比亚迪本期总资产中流动资产比重为_____，非流动资产比重为_____。就一般意义而言，流动资产变现能力较_____，其资产风险较_____；非流动资产变现能力较_____，其资产风险较_____。比亚迪公司的资产流动性较_____，风险较_____。

从动态变化来看，流动资产总体变化_____，比重变化了_____，非流动资产比重变化了_____。所以结合各资产项目的比重变动情况来看，变动幅度_____，所以企业资产结构_____。

（2）从静态构成比重来看，比亚迪本期总权益中负债比重为_____，所有者权益比重为_____，可以看出该企业的资金主要来源于_____。

从动态变化来看，该公司负债比重变化_____，所有者权益比重变化_____。结合各权益项目比重变动情况来看，变动幅度_____，所以资本结构_____。

### 学习情境的相关知识点

资产负债表是反映企业在某一特定日期全部资产、负债和所有者权益情况的会计报表，是企业经营活动的静态体现。它是对企业资本运用成果全面、系统和综合的反映。通过阅读资产负债表，报表使用者能够了解企业在某一特定日期所拥有或者控制的资产、所承担的经济义务以及所有者对净资产要求权的情况。

资产负债表分析的目的，在于了解企业会计对企业财务状况的反映程度以及所提供的会计信息的质量，据此对企业资产和权益变动情况以及企业的财务状况做出恰当的评价。

### 一、资产负债表分析的内容

**1. 资产质量分析**

资产是过去的交易或事项所形成的，由企业拥有或控制的，预期会给企业带来经济利益流入的资源。资产的质量主要体现在资产负债表上。资产质量分析，就是分析企业资产账面价值与其实际可带来的经济利益之间的差异，分析账面价值中被低估的资产与被高估的资产、表内资产与表外资产，从而揭示企业资产的真实价值。

**2. 负债和所有者权益结构分析**

负债和所有者权益结构分析，就是通过将资产负债表中负债和所有者权益各项目与其总额进行对比，分析企业负债构成、所有者权益构成、资本结构，透视企业财务风险，揭示企业资本结构的合理程度，探索企业资本结构优化的思路。

**3. 资产负债表重点项目分析**

除了对资产负债表进行整体分析外，财务分析者还要对资产负债表的重点项目进行详细分析，以便发现需要重点关注的问题。这些重点项目主要是在结构分析中占比重较大的项目与占比变化幅度较大的项目。

## 二、资产负债表整体解读

资产负债表的项目数据很多，怎样才能从中归纳出对分析决策有用的信息呢？通常的阅读步骤是由粗到细，即先了解总体，再了解大类项目，然后逐层分解，最后到具体项目。

资产总额反映企业的资产结构和经营规模，是企业生产经营能力的集中反映。负债总额表明企业承担债务的多少，是企业利用外部资金的反映。所有者权益总额是企业的自有资金，是企业自主经营、自负盈亏能力的反映。财务分析首先要对这三方面的总量有一个基本的了解，弄清企业资产、负债和权益资金的数额。了解这三方面的构成是分析企业财务状况的起点，也是我们进一步分析企业资产结构、资本结构和偿债能力等的基础。但仅仅从整体上来解读资产负债表是远远不够的，还需要深入分析资产、负债和所有者权益的内部结构。

## 三、资产负债表横向结构分析

资产负债表的横向结构分析，又称水平分析法，是指以金额、百分比的形式，对每个项目的本期或多期的金额与其基期的金额进行比较分析，编制横向结构百分比资产负债表，以观察企业财务状况的变化趋势。

横向结构分析通常可以用来预测企业未来经营情况。报表使用者通过观察报表中各项目的增减变化情况，可以发现重要且异常的变化，同时对这些变化作进一步分析，找出其变化的原因，判断这种变化是有利还是不利的，并对这种趋势是否会延续做出判断。

横向结构分析要联系企业生产经营活动的发展变化情况，将各项目的增减变化同企业产值、销售收入等生产成果指标的增减变化相对比，判断增资与增产、增收之间是否相适应，资产营运效率是否提高。

### (一) 货币资金增减变动分析

企业货币资金的增减变动，可能受以下因素的影响。

(1) 销售规模的变动。企业销售规模发生变动，货币资金规模也会随之发生变动，两者之间具有一定的相关性。

(2) 信用政策的变动。如果企业采用严格的信用政策，提高现销比例，可能会导致货币资金规模增大。

(3) 为大笔现金支出做准备。如准备发放股利，偿还将要到期的巨额银行借款，或集中购货等，都会增大货币资金规模。但是这种需要是暂时的，货币资金规模会随着企业现金的支付而减小。

### (二) 应收账款增减变动分析

在流动资产和销售收入不变的情况下，应收账款的绝对额增加了，表明企业变现能力在减弱，承担的风险增大，其占用比重不合理。如果应收账款的增长与流动资产增长、销售收入增长相适应，表明应收账款占用比重比较合理。

### (三) 存货增减变动分析

各类存货在企业再生产过程中的作用是不同的。其中，材料存货是维持再生产活动的必要物质基础，所以它应被限制在能够保证再生产正常进行的最低水平上；产成品存货是存在于流通领域的存货，它不是保证再生产过程持续进行的必要条件，因此必须被压缩到最低限度；而在产品存货是保证生产过程持续进行的存货，企业的生产规模和生产周期决定了在产品存货的存量，在企业正常经营条件下，在产品存货应保持一个稳定的比例。一个企业在正常情况下，其存货结构应保持相对稳定性。财务分析人员，应特别注意对变动较大的项目进行重点分析。存货增加应以满足生产、不盲目采购和无产品积压为前提；存货减少应以压缩库存量、加速周转和不影响生产为前提。

### (四) 固定资产增减变动分析

固定资产增减变动分析主要是对固定资产增长情况、更新情况、报废情况及损失情况进行分析。在评价企业固定资产更新的规模和速度时，也应结合企业的具体情况进行分析。如果企业是为了保持一定的生产规模和生产能力，必须对设备进行更新，这是合理的；如果更新设备只是为了盲目扩大生产，就是不合理的。

### (五) 无形资产增减变动分析

无形资产的增减变动，从发展趋势上看，应当呈上升趋势。无形资产增幅越大，表明企业可持续发展能力越强。

### （六）流动负债增减变动分析

流动负债增减变动分析主要是通过流动负债各项目的增减变动，分析企业短期融资渠道的变化情况及偿债压力的大小，借以判断企业短期资金的融资能力对企业的生产经营活动的影响。

### （七）长期负债增减变动分析

长期负债增减变动分析主要是通过长期负债各项目的增减变动，分析企业长期融资渠道的变化情况，借以判断企业长期资金的融资能力。

### （八）所有者权益增减变动分析

引起所有者权益增减变动的主要原因有：注册资本增加（或减少）、资本公积增加（或减少）和留存收益增加（或减少）等。通过对所有者权益增减变动的分析，财务分析人员可以进一步了解企业对负债偿还的保证程度和企业自己积累资金和融通资金的能力与潜力。

## 四、资产负债表纵向结构分析

资产负债表纵向结构分析，也称垂直分析，是指将常规形式的资产负债表换算成结构百分比形式的资产负债表。即分别以资产合计数和负债及所有者权益合计数为共同基数，然后求出表中左右两方各项目相对于共同基数的百分比，并且进一步结合企业规模、经营性质、销售状况以及行业风险等因素，分析企业在资产运用以及资金筹措等方面存在的问题。在这些基础上，还可将前后几期的结构百分比报表汇集在一起，以判断企业财务状况的发展趋势。另外，纵向结构百分比报表可以克服由于企业规模不同而导致的绝对数字不可比的缺点。例如，不能简单地将一个公司的存货与同行业另一个公司的存货直接比较，而两家公司的结构百分比则具有一定的可比性。

通过纵向分析，分析者可以看出企业的行业特点、经营特点和技术装备特点。例如，工业企业的非流动资产往往大于流动资产，而商业企业的情况正好相反。另外，在同一行业中流动资产、长期投资所占比重的大小，也可以反映企业的经营特点。流动资产和负债占比较高的企业稳定性差，却较灵活；而那些长期资产和负债占比重较高的企业稳定性强，但较难快速应对变化；长期投资占比较高的企业，投资收益和风险较高；无形资产持有多的企业，开发创新能力强；而固定资产折旧比例较高的企业，技术更新换代快，技术装备水平高。

### （一）流动资产构成分析

判断流动资产构成比重是否合理，没有一个绝对的标准，应根据行业、企业的具体情况来分析判断合理的程度，且必须与固定资产和其他资产构成比重结合起来并联系生产经营额的变化进行分析。在固定资产和其他资产不变的情况下，流动资产比重提高使生产经营额大幅度增长，说明流动资产在资产总额中所占比重较为合理；但如果流动资产比重提高速度快于生产经营额的增长速度，使单位增加值占用的资产额比上期增加，说明资金利用效率下降，流动资产在资产总额中所占比重不合理。

流动资产构成比重是否合理还应结合企业利润进行分析。如果流动资产在资产总额中的比重提高了，企业的营业利润也相应增长了，说明流动资产在资产总额中所占比重较为合理；如果流动资产比重提高了，产量增长了，利润却不增长，说明企业生产的产品销售可能不畅，经营状况不好。

### （二）固定资产构成分析

固定资产构成决定着企业的行业特点、生产规模和发展方向。判断固定资产比重是否合理，应弄清企业自身生产经营特点，制定相适宜的比重标准，比重过高会造成资金浪费，过低又会影响生产经营业务的发展。一般来说，工业企业固定资产构成比重较高，为40%左右；商品流通企业固定资产构成比重较低，为30%左右。

固定资产构成分析还可以从三个方面进行：一是分析生产用固定资产与非生产用固定资产构成的变化情况；二是考察未使用和不需用固定资产构成的变化情况，查明企业在处置闲置固定资产方面的工作是否具有效率；三是分析生产用固定资产的内部结构是否合理。对固定资产构成进行分析，只有结合企业的生产技术特点，才能对固定资产的配置做出切合实际的评价。

### （三）无形资产构成分析

一般情况下，企业持有较多无形资产，表明该企业开发创新能力较强。判断无形资产构成比重是否合理，也应结合企业的具体情况进行分析。一般来说，工业企业、商品流通企业无形资产的构成比重较低，在10%以下；而高新技术企业较高，为30%左右，甚至更高。由此可见：各类资产如何配置，与企业能否取得最佳的经济效益关系重大；在企业资产结构体系中，固定资产与流动资产之间的结构比例是最重要的。在企业经营规模一定的条件下，如果固定资产存量过大，则其正常的生产能力不能充分发挥，会造成固定资产的部分闲置或生产能力利用不足的情况；如果流动资产存量过大，则又会造成流动资产闲置的情况，影响企业的盈利能力。因此，固定资产与流动资产之间应保持怎样的结构比例，主要取决于企业风险偏好、行业特点和经营规模。如果企业属于风险爱好型，就可能采取较高的固定资产构成比例；反之，则采取较高的流动资产构成比例。从行业特点看，创造附加值较低的企业，如商业企业，需要保持较高的流动资产比重；而创造附加值高的企业，如制造业企业，需要保持较高的固定资产比重。从经营规模看，规模较大的企业，因其筹资能力强，固定资产比例相对高些；规模较小的企业，流动资产比例相对高些。除此之外，相同行业内部不同企业生产组织、生产特点或生产方式的差异对固定资产与流动资产之间的结构比例也会产生影响。

## （四）流动负债构成分析

流动负债构成反映企业依赖短期债权人的程度。流动负债所占的比重越高，说明企业对短期资金的依赖性越强，企业偿债的压力也就越大，要求企业资金周转的速度越快；反之，说明企业对短期资金的依赖程度较小，企业面临的偿债压力也就较小。因此，如果企业的流动资产周转速度较快，短期负债的资金成本较低，企业可融通的流动负债就较多。一般来说，成长型企业流动负债占负债总额的比例较低，成熟型企业这一比例较高。

另外，企业还可以通过短期借款、应付票据、应付账款和其他应付款等项目占流动负债总额的比重，分析各项流动负债构成的合理性。

## （五）长期负债构成分析

长期负债构成反映企业依赖长期债权人的程度。长期负债所占的比重越高，表明企业在经营中借助长期资金的程度越高；反之，说明企业借助长期资金的程度越低，企业面临的偿债压力也就越小。一般来说，长期负债占负债总额的比重，成长型企业较高，成熟型企业较低。另外，企业还可通过长期负债各项目金额占长期负债总额的比重，分析长期负债的构成情况。

## （六）所有者权益构成分析

所有者权益构成可以反映企业承担风险能力的大小和经济实力的强弱。所有者权益构成比重越大，企业的财务状况越稳定，债务危机发生的可能性就越小。另外，经营者对企业前景的信心和对风险所持有的态度也影响着所有者权益的构成。

---

**素养提升**

### "中国芯"，中国心

美国商务部2018年4月16日宣布，未来7年将禁止美国公司向中兴通讯销售零部件、商品、软件和技术。中兴断芯事件暴露出我国整机产品强、核心元器件弱，应用软件强、基础软件弱，信息产业建立在他国基础软硬件之上、核心技术受制于他人的窘况。这一事件警示我们要将核心技术研发提升到国家安全层面，强化基础软硬件研发。

党的二十大明确指出加大对专精特新企业发展的扶持力度，通过构建现代化产业体系解决对国外的技术依赖及信息依赖的问题。因此，我们需要真正重视核心技术，将创新视为企业发展的内动力，加大企业创新投入，重视企业的无形资产，在社会中营造出尊重创新的良好氛围。

## 学习任务二 利润表初步分析

### 学习情境描述

根据比亚迪（股票代码：002594）的利润表报告，搜集相关的财务数据与非财务信息，完成对比亚迪的利润表的初步分析，为公司投资决策提供支持。

### 学习目标

（1）了解利润表初步分析的目的。

（2）掌握利润表初步分析的方法、内容与要点。

（3）能够团队合作完成利润表分析，并完成整体分析报告撰写。

### 任务书

在比亚迪财务部门月度工作例会上，财务总监提到公司总经理要对公司的整体经营情况开展全面的调研，以全面掌握企业的经营状况，财务部将从财务角度提供相关的经营分析报告，为总经理的经营决策提供支持。作为财务分析专员，依据工作流程，你需要对利润表进行初步分析，并做出专业的分析报告。

### 获取信息

**引导问题1**：在对利润表进行整体解读时，我们发现利润表中的利润包括营业利润、利润总额和净利润三个层次，我们需要对这三个层次进行逐一解读。

视频：企业利润表的初步分析要点

（1）如果一个企业的营业利润总额比重小，那么这个企业的发展是良性的吗？

_____

_____

（2）如果一个企业的利润总额主要由非营业利润构成，那么对该企业进行利润分析时，应当着重注意哪几方面？

_____

_____

（3）净利润是企业的税后利润。一般情况下，利润总额较大的企业，其净利润也会较高。在对该指标进行分析时，应当注意什么？

_____

_____

**引导问题2**：在对利润表进行整体解读之后，我们需要将利润表的本期或多期的数据与基期数据进行对比分析，以观察企业经营成果的变化趋势，这种分析方法叫作_____。

引导问题3：利润表的横向结构分析，通过观察报表中各项目的增减变化情况，可以发现_____，同时作进一步分析，找出原因，判断这种变化是有利还是不利，并对这种趋势是否会延续做出判断。

引导问题4：除了对利润表进行横向结构分析外，还需要判断各项目的比例关系，揭示出企业的支出占收入的比重，判断企业盈利形成的收支成因，这种分析方法叫作_____。

引导问题5：利润表纵向结构分析的具体操作过程是什么？（明确以哪个指标作为基数）

_____

_____

引导问题6：资产流入按收益形式的不同可将其分为收入和利得两大类。请简述收入与利得的区别以及它们对利润的影响。

_____

_____

引导问题7：资产流出按支出形式的不同可分为不同的种类。资产流出分为哪几种类型？其支出结构与收入是否存在联系？

_____

_____

引导问题8：企业的主营业务利润、营业利润、利润总额是如何计算得出的？

_____

_____

引导问题9：若企业处于以下盈利结构中，该企业的发展状况如何？

（1）主营业务利润、营业利润和利润总额均处于盈利状态。

_____

（2）主营业务利润、营业利润处于盈利状态，利润总额处于亏损状态。

_____

（3）主营业务利润、利润总额处于盈利状态，营业利润处于亏损状态。

（4）主营业务利润处于盈利状态，营业利润、利润总额处于亏损状态。

（5）主营业务利润处于亏损状态，营业利润、利润总额处于盈利状态。

（6）主营业务利润、利润总额处于亏损状态，营业利润处于盈利状态。

（7）主营业务利润、营业利润处于亏损状态，利润总额处于盈利状态。

（8）主营业务利润、营业利润和利润总额均处于亏损状态。

## 工作实施

搜集比亚迪（股票代码：002594）2018—2020年的年度报告及其他非财务信息，仔细研读利润表相关内容，完成利润表分析（表1-2-1～表1-2-4）。

比亚迪 2018—2020 年利润表

## 一、利润表整体分析

表1-2-1 2020年比亚迪利润表（简表）

单位：亿元

| 项目 | 本期金额 | 上期金额 |
|---|---|---|
| 营业收入 | | |
| 营业利润 | | |
| 利润总额 | | |
| 净利润 | | |

**分析评价：** 2020年比亚迪的净利润为_____亿元，相比2019年有所_____，主要是因为本期利润总额较上期有所_____。本期利润总额为_____亿元，相比2019年有所_____，主要是因为本期_____和_____较上期有所增加。本期营业利润为_____亿元，相比2019年有所_____。本期营业收入为_____亿元，相比2019年有所_____。

## 二、利润表横向结构分析

### 表1-2-2　2020年比亚迪利润表横向结构分析

单位：亿元

| 项目 | 本期金额(1) | 上期金额(2) | 变动情况 | | 变动对营业收入的影响(5)=(3)/营业收入 |
| --- | --- | --- | --- | --- | --- |
| | | | 变动额(3)=(1)-(2) | 变动率(4)=(3)/(2) | |
| 一、营业收入 | | | | | |
| 　减：营业成本 | | | | | |
| 　　　税金及附加 | | | | | |
| 　　　销售费用 | | | | | |
| 　　　管理费用 | | | | | |
| 　　　研发费用 | | | | | |
| 　　　财务费用 | | | | | |
| 　　　其中：利息费用 | | | | | |
| 　　　　　　利息收入 | | | | | |
| 　　　资产减值损失 | | | | | |
| 　加：公允价值变动收益 | | | | | |
| 　　　投资收益 | | | | | |
| 　　　资产处置收益 | | | | | |
| 　　　资产减值损失 | | | | | |
| 　　　信用减值损失 | | | | | |
| 　　　其他收益 | | | | | |
| 二、营业利润 | | | | | |
| 　加：营业外收入 | | | | | |
| 　减：营业外支出 | | | | | |
| 三、利润总额 | | | | | |
| 　减：所得税费用 | | | | | |

续表

| 项目 | 本期金额（1） | 上期金额（2） | 变动情况 | | 变动对营业收入的影响（5）=（3）/营业收入 |
| --- | --- | --- | --- | --- | --- |
| | | | 变动额（3）=（1）-（2） | 变动率（4）=（3）/（2） | |
| 四、净利润 | | | | | |
| （一）持续经营净利润 | | | | | |
| （二）终止经营净利润 | | | | | |
| 五、每股收益： | | | | | |
| （一）基本每股收益（元） | | | | | |
| （二）稀释每股收益（元） | | | | | |

分析评价：（1）比亚迪 2020 年净利润为_____亿元，较上年增加了_____亿元，增长幅度为_____，上涨幅度_____（>，=，<）利润总额增幅，主要是因为营业收入较上年增加了_____亿元，增长幅度为_____，对净利润的增长产生一定的助力。

（2）比亚迪利润总额 2020 年_____亿元，较上年增加了_____亿元，上涨幅度为_____，上涨幅度_____（>，=，<）营业利润增幅，主要是因为_____。

（3）比亚迪营业利润 2020 年较上年增加了_____亿元，增长幅度为_____%，主要是因为_____。

（4）比亚迪营业收入 2020 年增加了_____亿元，涨幅为_____%；营业成本增加了_____亿元，涨幅为_____%。销售费用增加了_____亿元，涨幅为_____%；管理费用增加了_____亿元，涨幅为_____%。投资收益增加了_____亿元。

从总体上看，公司 2020 年利润较上年有较_____幅度的增加，如_____都有较大幅度的增加。净利润上升主要原因是_____的上升以及_____的下降。同时存在的使净利润减少的因素是_____。

## 三、利润表纵向结构分析

**1. 分析比亚迪 2019—2020 年收支结构**

表 1-2-3 比亚迪利润表收支结构分析

单位：亿元

| 项目 | 2020 年 | 2019 年 | 2020 年结构百分比 | 2019 年结构百分比 | 变动情况 |
| --- | --- | --- | --- | --- | --- |
| 一、营业收入 | | | | | |

续表

| 项目 | 2020 年 | 2019 年 | 2020 年结构百分比 | 2019 年结构百分比 | 变动情况 |
|---|---|---|---|---|---|
| 减：营业成本 | | | | | |
| 　　税金及附加 | | | | | |
| 　　销售费用 | | | | | |
| 　　管理费用 | | | | | |
| 　　研发费用 | | | | | |
| 　　财务费用 | | | | | |
| 　　其中：利息费用 | | | | | |
| 　　　　利息收入 | | | | | |
| 　　资产减值损失 | | | | | |
| 加：公允价值变动收益 | | | | | |
| 　　投资收益 | | | | | |
| 　　资产处置收益 | | | | | |
| 　　资产减值损失 | | | | | |
| 　　信用减值损失 | | | | | |
| 　　其他收益 | | | | | |
| 二、营业利润 | | | | | |
| 　加：营业外收入 | | | | | |
| 　减：营业外支出 | | | | | |
| 三、利润总额 | | | | | |
| 　减：所得税费用 | | | | | |
| 四、净利润 | | | | | |
| 　（一）持续经营净利润 | | | | | |
| 　（二）终止经营净利润 | | | | | |
| 五、每股收益 | | | | | |
| 　（一）基本每股收益（元） | | | | | |
| 　（二）稀释每股收益（元） | | | | | |

**分析评价：**（1）净利润占比变化了_____，利润总额占比变化了_____，净利润的占比变化幅度_____（＞，＝，＜）利润总额，主要是由于_____。

（2）利润总额较上年有所_____，主要是由于_____。

（3）2020年度营业利润占比较上年度有所_____，其主要原因是_____。

（4）2020年度营业成本占营业收入的_____，比上年的_____变化了_____%；营业利润占营业收入的_____，比上年的_____变化了_____；利润总额占营业收入的_____，比上年的_____减少了_____；净利润占营业收入的_____，比上年的减少了_____。从公司的利润率情况看，2019年度的盈利能力_____。

**2. 分析比亚迪2018—2020年盈利结构**

表1-2-4　比亚迪盈利结构状态类型

单位：亿元

| 项目 | 2018年 | 2019年 | 2020年 |
|---|---|---|---|
| 主营业务利润 | | | |
| 营业利润 | | | |
| 利润总额 | | | |

**分析评价：** 2018年，比亚迪的主营业务利润为_____亿元，处于_____状态，营业利润为_____亿元，处于_____状态，利润总额为_____亿元，处于_____状态，属于_____类盈利模式。2019年，比亚迪的主营业务利润为_____亿元，处于_____状态，营业利润为_____亿元，处于_____状态，利润总额为_____亿元，处于_____状态，属于_____类盈利模式。2020年，比亚迪的主营业务利润为_____亿元，处于_____状态，营业利润为_____亿元，处于_____状态，利润总额为_____亿元，处于_____状态，属于_____类盈利模式。综上所述，比亚迪盈利结构状态表明该公司处于_____状况，经营状况_____。

### 学习情境的相关知识点

利润表是反映企业在一定期间实现的经营成果的报表。它把企业一定时期的营业收入与同一期间相关的营业成本、费用进行配比，以计算一定时期的利润。通过利润表分析，财务分析者能够了解企业营业收入的完成情况、费用耗费的情况，以及经营成果的实现情况；同时，通过利润表提供的不同时期的数字比较，可以分析企业的获利能力和未来利润发展趋势，掌握投入资本的增值情况。

## 一、利润表整体解读

从利润表上看,利润包括营业利润、利润总额和净利润三个层次。

(1) 营业利润是主营业务利润与其他业务利润的合计数减去期间费用所得的差额,它是企业利润的主要构成部分。从长期看,营业利润将决定一个企业利润总额的大小。如果一个企业的营业利润总额的比重较小,说明该企业的经营管理可能存在问题,对企业的发展不利,应作进一步分析。

(2) 利润总额包括营业利润、投资收益和营业外收支净额等内容,是企业的税前利润。一般情况下,营业利润较大,其利润总额也会较高。如果一个企业的利润总额主要由非营业利润构成,应引起注意,此时要把重点放在对该非营业利润真实性和稳定性的分析上。

(3) 净利润是企业的税后利润。一般情况下,企业的所得税相对稳定,所以,利润总额较大的企业,其净利润也会较高。在其他条件不变的情况下,净利润越多,企业盈利能力就越强。净利润的大小,受到产能、产量、质量、品种结构、市场营销和成本费用等方面的影响,所以,该指标在一定程度上反映了企业的经营管理水平。对该指标的分析,应结合多期指标进行对比,研究其增长趋势及速度。另外,该指标是一个总量绝对指标,缺乏企业之间的可比性,应计算该指标与企业净资产、营业收入之间的比率,再将这些比率与同行业平均水平、先进水平相比较,考察企业在同行业中所处的地位。

## 二、利润表横向结构分析

利润表的横向结构分析,又称水平分析,是指以金额、百分比的形式,对每个项目的本期或多期的金额与其基期的金额进行比较分析,编制出横向结构百分比利润表,以观察企业经营成果的变化趋势。

横向结构分析通常可以作为用户预测企业未来经营情况的基点。通过观察报表中各项目的增减变化情况,可以发现重要且异常的变化,同时对这些变化作进一步分析,找出其变化的原因,判断这种变化是有利还是不利,并对这种趋势是否会延续做出判断。

## 三、利润表纵向结构分析

利润表分析的起点就是了解企业在一定时期内的总收入、总支出和总收入减去总支出后总利润数额。通过分析可以判断企业盈利形成的收支成因,能够揭示出企业的支出占收入的比重,从整体上说明企业的收支水平。

利润表的纵向结构分析,又称垂直分析,是将常规形式的利润表换算成结构百分比形式的利润表,即以主营业务收入总额为共同基数,定为100%,然后再求出表中各项目相对于共同基数的百分比,从而可以了解企业有关的销售利润率以及各项费用率的百分比,同时,其他各项目与关键项目之间的比例关系也会更加清晰地显示出来。在此基础上,还可将前后几期的结构百分比报表汇集在一起,以判断企业盈利状况的发展趋势。

利润表的纵向结构分析可分为企业的收支结构分析和盈利结构分析两部分。

### (一) 收支结构分析

企业的收支结构有两个层次的含义:第一是企业的总利润是怎样通过收支来形成的;第二是企业的收入和支出是怎样通过不同的收入和支出项目构成的。

收益是指会计期间企业经济利益的增加,表现为能导致所有者权益增加的资产流入、资产增值或负债减少,但不包括投资者投入的资本。

按收益形式的不同可将其分为收入和利得两大类。其中,来源于企业日常经营活动的收益称为收入,包括销售商品收入、劳务收入、利息收入、使用费收入、租金收入和股利收入等,但不包括代其他方收取的款项。收入若按企业经营业务的主次分类,可以分为主营业务收入和其他业务收入。企业日常经营活动以外所形成的收益通常称为利得。利得的形成具有很大的偶然性,属于不经过经营过程就能取得的或不曾期望获得的收益,包括营业外收入和补贴收入等。

企业的支出也可以按支出的性质分为主营业务成本、其他业务成本、税金及附加、各种期间费用(包括销售费用、管理费用和财务费用等)、存货跌价损失、营业外支出和所得税等。通过对支出的分类能揭示不同的支出与收入之间的联系,判断支出结构的合理性和支出的有效性。同时,如前所述,不同的业务在企业经营中有不同的作用,不同性质的支出对企业盈利能力的影响也有差别。分析支出结构,把握这种差别,就能进一步判断支出的有效性。

### (二) 盈利结构分析

#### 1. 盈利结构层次

盈利结构分析主要指不同利润来源对总利润的影响程度的比重分析。企业的利润主要由主营业务利润、其他业务利润、投资收益和营业外收支差额构成,其中主营业务利润是企业利润的关键,因此通过对其进行结构性分析可以了解企业利润构成比例以及盈利的稳定性和持续性。主营业务是否经营得好是企业能否生存和发展的关键。如果主营业务利润占总利润的比重较大且持续稳定,则企业盈利结构安全可靠,波动性小,而其他的非主营业务由于与企业经营无直接关系,所以所占比重较小,但若其波动性较大,也会影响到企业利润的变化。

$$主营业务利润 = 主营业务收入 - 主营业务成本$$

$$营业利润 = 主营业务利润 + 其他业务利润 + 投资收益 - 成本费用$$

$$利润总额 = 营业利润 + 营业外收入 - 营业外支出$$

盈利结构影响盈利水平、盈利稳定性、盈利持续性和盈利趋高性。通过盈利结构分析可了解主营业务利润在总利润中所占比重，它对企业盈利水平起着决定性作用。收支结构影响盈利稳定性，盈利结构也会影响盈利稳定性（这里的稳定性是指：盈利水平向下波动的波幅小、向上波动的波幅大）。主营业务利润相对于非主营业务利润变动较小则盈利稳定。盈利持续性是指总的发展趋势，不同于盈利稳定性，其主要由主营业务利润来保证，因此主营业务利润所占比重越大，盈利持续性越强。盈利趋高性是盈利持续性的一种特殊形式，是指在保持现有盈利水平的同时，体现出一种上升趋势。若企业利润主要来自处于成长期或启动期的产品，盈利一般具有趋高性；反之，如果利润主要来源于衰退期的产品，则不具有趋高性，且很难维持现状。

**2. 盈利结构状态类型**

企业盈利结构状态类型如表 1-2-5 所示。

**表 1-2-5　盈利结构状态类型**

| 状态 | A | B | C | D | E | F | G | H |
|---|---|---|---|---|---|---|---|---|
| 主营业务利润 | 盈利 | 盈利 | 盈利 | 盈利 | 亏损 | 亏损 | 亏损 | 亏损 |
| 营业利润 | 盈利 | 盈利 | 亏损 | 亏损 | 盈利 | 盈利 | 亏损 | 亏损 |
| 利润总额 | 盈利 | 亏损 | 盈利 | 亏损 | 盈利 | 亏损 | 盈利 | 亏损 |

（1）A 种状态下，盈利结构的各部分都是盈利的，这是一种正常的状态。企业只有经常处在这种状态，才能保证盈利的持续性和稳定性。当然，要确切判断企业盈利的持续性和稳定性，还要先分析主营业务利润、其他业务利润、投资收益和营业外收支差额占企业利润的比重。

（2）B 种状态下，企业总体来看是亏损的，这意味着企业当期净资产已不能补偿账面资本。但从 B 种状态下的盈利结构看，不仅作为企业生存和发展基础的主营业务有盈利，企业的经常性业务也是盈利的。企业亏损的原因是营业外支出过大，令企业的营业利润不足以抵补。但是营业外业务一般具有暂时性和不稳定性，它形成的损失不会持久。如果企业营业利润保持不变甚至提高，当营业外损失不存在时，企业又会恢复到盈利状态。

（3）C 种状态下，虽然企业从总体看仍然盈利，但已危机四伏，企业主营业务虽然有毛利，但经常性业务总的来看是亏损的，即主营业务利润和其他业务利润不足以抵补期间费用。企业有盈利是因为有营业外收入，营业外收入弥补经常性业务的亏损，但是，企业的营业外收入很难持久，一旦营业外收入减少，企业就会陷入破产的危机之中。

（4）D 种状态下，企业的危机已显露出来，企业出现了总体的亏损。D 种状态比 B 种状态更危险，因为企业此时虽然主营业务有毛利，但经常性业务总的来说是亏损的。问题可能出在主营业务上（主营业务利润率太低），或出在期间费用上（期间费用失去控制，费用太低）。当出现 D 种状态时，企业必须将亏损的实质性原因找出来，否则，这种状态持续下去，企业就会陷入困境。

（5）E 种状态下，企业仍有利润，但这种状态是极不正常的。因为作为企业利润主要来源的主营业务出现了亏损，其他业务利润抵补了亏损。在这种盈利结构下，企业很有必要作经营战略的转变。企业耗费大量资金和精力经营的主营业务由于种种原因已出现亏损，但目前的亏损状态还不严重，因为通过其他业务的利润还能抵补亏损。在这时，企业如果及时地做出经营战略的调整，还能避免危机的爆发；否则，企业必然走入困境。

（6）F 种状态下，企业出现亏损。虽然营业利润存在，但不足以抵补营业外损失。此状态下，企业存在的问题与 E 种状态下的基本一样。如果主营业务有利润，在一般情况下是足以抵补营业外损失的。在 F 种状态下，企业更有必要做出调整经营的布置，否则，企业出现的亏损会将企业的净资产慢慢蚕食，最后甚至出现资不抵债的情况。

（7）G 种状态下，企业表面上还保持盈利，但已处在了火山爆发的边缘。企业的经常性业务全面亏损，仅靠营业外收入维持暂不亏损。稍一分析就可看出，假设企业继续经营下去，此时营业外收入一旦减少，企业就会亏损。G 种状态下，企业实质上是接近破产状态。

（8）H 种状态下，企业不仅总的来说是亏损的，而且从盈利结构看，各类项目都是亏损的，企业此时已进入破产状态。

**素养提升**

### 企业发展，有"量"更需有"质"

2013 年 12 月 12 日，雷军与董明珠就发展模式展开激辩，并打下 10 亿元的天价赌局。雷军称五年内小米营业额将超过格力。如果超过的话，雷军希望董明珠能赔偿自己一元钱。董明珠回应称如果超过愿意赔 10 亿。五年之约到期，小米营业额虽未赶超格力，但是我们见证了它的高速度成长、高质量发展。

党的二十大明确提出"高质量发展是全面建设社会主义现代化国家的首要任务"，要持续转变发展方式、优化经济结构、转变增长动力，推进经济社会各方面的高质量发展。

我们作为财务分析人员在对企业进行分析时，不仅要关注发展数量，更应掌握发展质量，领悟习近平新时代中国特色社会主义思想，关注中国经济发展形势，做经世济民之才。

## 学习任务三　现金流量表初步分析

### 学习情境描述

根据比亚迪（股票代码：002594）的现金流量表报告，搜集相关的财务数据与非财务信息，完成对比亚迪的现金流量表的初步分析，为公司投资决策提供支持。

### 学习目标

（1）了解现金流量表初步分析的目的。

（2）掌握现金流量表初步分析的方法、内容与要点。

（3）能够团队合作完成现金流量表分析，并完成整体分析报告撰写。

### 任务书

在比亚迪财务部门月度工作例会上，财务总监提到公司总经理要对公司的整体经营情况开展全面的调研，以全面掌握企业的经营状况，财务部将从财务角度提供相关的经营分析报告，为总经理的经营决策提供支持。作为财务分析专员，依据工作流程，你需要对现金流量表进行初步分析，并做出专业的分析报告。

### 获取信息

**引导问题1**：现金流量表在结构上将企业一定期间产生的现金流量分为三类：_____、_____和_____。在对现金流量表进行分析时，应根据企业所处行业的不同特点和实际情况来考察企业现金流量的类别。

视频：企业现金流量表的初步分析要点

**引导问题2**：仅从整体上来解读现金流量表是不够的，还需要判断现金流量表的变动趋势，分析企业的现金收入、现金支出及其余额发生了怎样的变动，我们将这种分析方式叫作_____。它可以将连续若干期间的现金流量表数额或内部结构比率进行列示，用来考察企业现金流量的变化趋势。

**引导问题3**：在对现金流量表的整体变动趋势进行了分析之后，我们需要深入比较现金流量表中不同项目的占比，我们将这种比较方式叫作_____。通过这种方式可以分析企业现金流入的主要来源和现金流出的方向，并评价现金流入流出对净现金流量的影响。

**引导问题4**：现金流量结构包括_____、_____、_____等，可列表进行分析，旨在进一步掌握企业各项活动中现金流量的变动规律、变动趋势、公司经营周期所处的阶段及异常变化等情况。

**引导问题5**：现金流入纵向结构分析就是将分项现金流入_____，然后计算各分项现金流入金额占总流入金额的_____，分析现金流入的结构和含义。现金流入纵向结构分析可分为_____与_____。

**引导问题6**：请结合资产负债表与利润表中的纵向结构分析，归纳类比现金总流入纵向结构分析与分项流入纵向结构分析。

_____
_____
_____

**引导问题7**：请结合资产负债表与利润表中的纵向结构分析，归纳类比现金总流出纵向结构分析与分项流出纵向结构分析。

_____
_____
_____

**引导问题8**：现金流入流出比例分析是指分析经营活动产生的现金流入与流出的比例、投资活动产生的现金流入与流出的比例和筹资活动产生的现金流入与流出的比例。对于一个正常发展的企业，经营活动现金流入和流出的比率应_____（＞，＝，＜）1，投资活动现金流入和流出的比率应_____（＞，＝，＜）1，筹资活动现金流入和流出之间的比例应随着企业资金余缺的程度_____。

**引导问题9**：投资活动与筹资活动现金流量的匹配性分析，分析投资活动与筹资活动两者之间是否具有匹配关系，主要是分析其是否存在错配现象。请分析以下四种情况是否存在错配现象。

（1）投资活动净现金流量÷筹资活动净现金流量＜1

_____
_____

（2）投资活动净现金流量÷筹资活动净现金流量＞1

_____
_____

（3）投资活动净现金流量÷经营和筹资活动净现金流量＞1

_____
_____

（4）投资活动净现金流量÷经营和筹资活动净现金流量＜1

_____

_____

## 工作实施

各种渠道搜集比亚迪（股票代码：002594）2018—2020年的年度报告及其他非财务信息，仔细研读现金流量表相关内容，完成现金流量表分析（表1-3-1~表1-3-6）。

比亚迪2018—2020年现金流量表

## 一、现金流量表整体分析

表1-3-1 现金流量表（简表）

单位：亿元

| 项目 | 本期数 | 上期数 |
|---|---|---|
| 经营活动产生的现金流量 | | |
| 投资活动产生的现金流量 | | |
| 筹资活动产生的现金流量 | | |
| 汇率变动对现金及现金等价物的影响 | | |
| 现金及现金等价物净增加额 | | |
| 期末现金及现金等价物余额 | | |

**分析评价**：2020年比亚迪期末现金净流量为_____亿元，比2019年增加了_____亿元。其中，2020年经营活动产生的现金流量为_____亿元，比2019年增加了_____亿元，说明公司_____，应结合公司的_____进行分析。2020年投资活动产生的现金流量_____亿元，比2019年增加了_____亿元，说明公司_____。2020年筹资活动产生的现金流量为_____亿元，比2019年变动_____亿元，说明公司_____。综上所述，比亚迪的现金流量情况表现_____。

> **小提示**：
> 对于健康成长的企业来说，经营活动产生的现金流量应该是正数，投资活动产生的现金流量应该是负数，筹资活动产生的现金流量可以是正数，也可以是负数。

## 二、现金流量表横向结构分析

表1-3-2　比亚迪现金流量表横向结构分析

单位：亿元

| 项目 | 2018 年 | 2019 年 | 2020 年 |
| --- | --- | --- | --- |
| 一、经营活动产生的现金流量 | | | |
| 　　销售商品、提供劳务收到的现金 | | | |
| 　　收到的税收返还 | | | |
| 　　收到其他与经营活动有关的现金 | | | |
| 　　　经营活动现金流入小计 | | | |
| 　　购买商品、接受劳务支付的现金 | | | |
| 　　支付给职工以及为职工支付的现金 | | | |
| 　　支付的各项税费 | | | |
| 　　支付其他与经营活动有关的现金 | | | |
| 　　　经营活动现金流出小计 | | | |
| 　　　经营活动产生的现金流量净额 | | | |
| 二、投资活动产生的现金流量 | | | |
| 　　收回投资收到的现金 | | | |
| 　　取得投资收益收到的现金 | | | |
| 　　处置固定资产、无形资产和其他长期资产收回的现金净额 | | | |
| 　　处置子公司及其他营业单位收到的现金 | | | |
| 　　收到的其他与投资活动有关的现金 | | | |
| 　　投资活动现金流入的其他项目 | | | |
| 　　　投资活动现金流入小计 | | | |
| 　　购建固定资产、无形资产和其他长期资产支付的现金 | | | |
| 　　投资支付的现金 | | | |
| 　　取得子公司及其营业单位支付的现金 | | | |
| 　　支付其他与投资活动有关的现金 | | | |
| 　　　投资活动现金流出小计 | | | |

续表

| 项目 | 2018 年 | 2019 年 | 2020 年 |
| --- | --- | --- | --- |
| 投资活动产生的现金流量净额 | | | |
| 三、筹资活动产生的现金流量 | | | |
| 　吸收投资收到的现金 | | | |
| 　取得借款收到的现金 | | | |
| 　发行债券收到的现金 | | | |
| 　收到的其他与筹资活动有关的现金 | | | |
| 　筹资活动现金流入的其他项目 | | | |
| 　　筹资活动现金流入小计 | | | |
| 　偿还债务所支付的现金 | | | |
| 　分配股利、利润或偿付利息支付的现金 | | | |
| 　支付的其他与筹资活动有关的现金 | | | |
| 　筹资活动现金流出的其他项目 | | | |
| 　　筹资活动产生的现金流出小计 | | | |
| 　　筹资活动产生的现金流量净额 | | | |
| 四、汇率变动对现金及现金等价物的影响 | | | |
| 五、现金及现金等价物净增加额 | | | |
| 　期初现金及现金等价物余额 | | | |
| 六、期末现金及现金等价物余额 | | | |

**分析评价**：(1) 经营活动产生的现金流量净额呈_____趋势，主要是因为_____。其中，经营活动现金流入的增长幅度_____（＞，＝，＜）流出的增长幅度。连续三年现金流量净额_____（＞，＝，＜）0，说明企业_____。

(2) 投资活动产生的现金流量净额呈_____趋势，主要是因为_____。连续三年现金流量净额_____（＞，＝，＜）0，说明企业_____。

(3) 筹资活动产生的现金流量净额呈_____趋势，主要是因为_____。筹资活动现金流出_____（＞，＝，＜）流入，其中，大部分现金流出用于_____，说明企业_____。

(4) 总体上看，公司的现金及现金等价物净增加额呈_____趋势，现金流量情况表现_____。

## 三、现金流量表纵向结构分析

### （一）现金流入纵向结构分析

表 1-3-3　现金流入纵向结构分析

| 项目 | 2020 年占比 | 2019 年占比 | 2018 年占比 |
| --- | --- | --- | --- |
| 经营活动现金流入 | | | |
| 投资活动现金流入 | | | |
| 筹资活动现金流入 | | | |
| 现金总流入 | | | |

**分析评价**：2018—2020 年，比亚迪经营活动现金流入所占比重呈_____趋势，_____年所占比重最大，为_____；投资活动现金流入所占比重呈_____趋势，_____年所占比重最大，为_____；筹资活动现金流入所占比重呈_____趋势，_____年所占比重最大，为_____。其中，_____所占比重最大，说明_____。

### （二）现金流出纵向结构分析

表 1-3-4　现金流出纵向结构分析

| 项目 | 2020 年占比 | 2019 年占比 | 2018 年占比 |
| --- | --- | --- | --- |
| 经营活动现金流出 | | | |
| 投资活动现金流出 | | | |
| 筹资活动现金流出 | | | |
| 现金总流出 | | | |

**分析评价**：2018—2020 年，比亚迪经营活动现金流出比重呈_____趋势，投资活动现金流出比重呈_____趋势，筹资活动现金流出比重呈_____趋势，结合现金总流入可知，该企业现金总流入结构与总流出结构_____。

### （三）现金流入流出比例分析

表 1-3-5　现金流入流出比例分析

| 项目 | 现金流入量 | 现金流出量 | 流入流出比例 |
| --- | --- | --- | --- |
| 经营活动现金流量 | | | |

续表

| 项目 | 现金流入量 | 现金流出量 | 流入流出比例 |
|---|---|---|---|
| 投资活动现金流量 | | | |
| 筹资活动现金流量 | | | |

分析评价：比亚迪2020年经营活动现金流入流出比为_____，该值_____（＞，＝，＜）1，说明该企业_____。投资活动现金流入流出比为_____，该值_____（＞，＝，＜）1，说明该企业_____。筹资活动现金流入流出比为_____，该值_____（＞，＝，＜）1，说明该企业_____。

## 四、投资活动与筹资活动现金流量的匹配性分析

表1-3-6 现金流量的匹配性分析

| 项目 | 2020年 | 2019年 |
|---|---|---|
| 投资活动现金流出量 | | |
| 筹资活动现金流入量 | | |
| 投资活动现金净流量 | | |
| 经营活动现金净流量 | | |
| 筹资活动现金净流量 | | |
| 投资活动筹资比率 | | |
| 投资活动经营筹资比率 | | |

> 小提示：
> 
> 投资活动筹资比率＝投资活动净现金流量/筹资活动净现金流量
> 
> 投资活动经营筹资比率＝投资活动净现金流量/（经营活动净现金流量＋筹资活动净现金流量）

分析评价：投资活动现金流出量_____（＞，＝，＜）筹资活动现金流入量，说明_____。投资活动筹资比率2020年_____（＞，＝，＜）1，2019年_____（＞，＝，＜）1，说明_____。投资活动经营筹资比率2020年_____（＞，＝，＜）1，原因为_____，说明_____；

2019 年 _____ （＞，＝，＜）1，原因为 _____，说明 _____。

### 学习情境的相关知识点

现金流量表是以现金为基础编制的财务状况变动表。它由五大项目和补充资料组成，其中经营活动、投资活动、筹资活动产生的现金流量是我们研究的重点。在每项活动当中，现金流量表又将现金的流入与流出明显区分开来。

## 一、现金流量表整体解读

现金流量表是反映企业在一定会计期间现金和现金等价物流入和流出相关信息的报表，可以概括反映企业会计期间内发生的经营活动、投资活动和筹资活动等各项经济活动对现金及现金等价物所产生的影响，这些信息在很大程度上弥补了资产负债表和利润表所提供信息的不足。

根据企业业务活动的性质和现金流量的来源，现金流量表在结构上将企业一定期间产生的现金流量分为三类：经营活动产生的现金流量、投资活动产生的现金流量和筹资活动产生的现金流量。

现金流量表主要反映以上三大活动分别产生的现金流入和现金流出情况。为了使报表使用者能通过比较不同期间现金流量的实现情况，判断企业现金流量的未来发展趋势，企业需要提供现金流量表，现金流量表还需将各项目分为"本期金额"和"上期金额"两栏分别列示。补充资料列示或反映一些在主体部分未能提供的重要信息或未能充分说明的信息，这部分资料通常列示在报表附注中，主要包括将净利润调节为经营活动现金流量、不涉及现金收支的重大投资和筹资活动、现金及现金等价物净变动情况等方面的信息。

企业由于所处的行业特点不同，对各类活动的认定存在一定差异。在对现金流量表进行分析时，报表使用者应根据企业所处行业的不同特点和实际情况来考察企业现金流量的类别。

## 二、现金流量表横向结构分析

### （一）现金流量表横向结构分析的含义

现金流量横向结构分析就是分析企业的现金收入、现金支出及其余额发生了怎样的变动，其变动趋势如何，并判断这种趋势对企业有利还是不利。报表使用者通过现金流量趋势分析，可以了解企业财务状况的变动趋势，了解企业财务状况变动的原因，并在此基础上预测分析企业未来的财务状况，从而为决策提供依据。分析者将连续若干期间的现金流量表数额进行列示，考察企业现金流量的变化趋势，通过观察和比较同一项目增减变动的金额及幅度，把握经营活动、投资活动和筹资活动现金流量的变动趋势。

## （二）现金流量表横向结构分析的作用

（1）摆脱了个别期间的人为操纵影响。

某一期间，企业出于一定的目的，对有关项目进行人为的操纵，可能当期发现不了异常，但如果将连续几期放在一起进行趋势分析，就会很容易发现这个指标的异常。

（2）消除或降低一些非本质的不确定因素的影响。

某一期间，由于一些不确定的偶然因素对企业造成了一定的影响，进行连续分析可以剔除这样的偶然因素，帮助正确认识企业真实现金流状况。但偶然就应该是偶然的，如果几期连续分析发现偶然已经成了"必然"，那么该企业的经营就肯定存在问题。

（3）分析企业的成长能力。

企业的成长能力是指企业未来发展趋势和发展速度，包括企业规模的扩大、利润和权益的增加等。对企业的成长能力进行分析，可以判断企业未来经营活动现金流量的变动趋势，预测未来现金流量的大小。

（4）预测企业未来的财务状况及其前景。

预测同样是一种非常重要的分析工具，它常常是与趋势分析联系在一起的。趋势分析只是说明了过去的事情，而预测则是今天要为明天做出判断。正确的财务预测将使财务决策更为合理有效。预测要充分考虑过去的经营经验，评估可能的外部因素的影响，从而预测未来的业绩。

## 三、现金流量表纵向结构分析

现金流量表纵向结构分析是指通过对现金流量表中不同项目占比的比较，分析企业现金流入的主要来源和现金流出的方向，并评价现金流入流出对现金流量额净值的影响。现金流量纵向结构分析包括现金流入纵向结构分析、现金流出纵向结构分析、现金流入流出比例分析等，可列表进行分析，旨在进一步掌握企业各项活动中现金流量的变动规律、变动趋势、公司经营周期所处的阶段及异常变化等情况。现金流入纵向结构分析分为总流入和三项（经营、投资和筹资）活动流入的分析；现金流出纵向结构分析分为总流出和三项（经营、投资和筹资）活动流出的分析；现金流入流出比例分析分为经营活动的现金流入流出比例（此比值越大越好）分析，投资活动的现金流入流出比例（发展时期，此比值应小；而衰退或缺少投资机会时，此比值较大为好）分析，筹资活动的现金流入流出比例（发展时期，此比值较大为好）分析。财务分析人员可以利用现金流入和流出结构的历史比较和同业比较，得到更有价值的信息。如果公司经营现金流量的结构百分比具有代表性（可用三年或五年的平均数），财务分析人员还可根据它们和计划销售额来预测未来的经营现金流量。

## (一) 现金流入纵向结构分析

现金流入纵向结构分析就是将各分项现金流入加总合计，然后计算各个分项现金流入金额占总现金流入金额的比率，分析现金流入的结构和含义。

企业经营活动的现金流入应当占有较大的比重，特别是其主要业务活动的现金流入应明显高于其他经营活动的现金流入。但是对于经营业务不同的企业，这个比例也可以有较大的差异。一个单一经营、主营业务突出的企业，主营业务的现金流入可能占到全部经营业务现金流入的半数以上，而主营业务不突出的企业，这一比例肯定会低得多。

现金流入纵向结构分析可分为总流入分析与分项流入纵向结构分析。

### 1. 总流入分析

总流入分析是以总现金流入量作为100%，再分别计算经营活动产生的现金流入量、投资活动产生的现金流入量和筹资活动产生的现金流入量所占的百分比。除了进行当前年度的比较之外，也可以进行若干年度的比较。

### 2. 分项流入分析

分项流入分析是以分项现金流入量作为100%，再分别计算各部分的现金流入量所占的百分比。除了进行当前年度的比较之外，也可以进行若干年度的比较。

## (二) 现金流出纵向结构分析

现金流出纵向结构分析就是将各分项现金流出加总合计，然后计算各个分项现金流出金额占总流出金额比率。分析现金流出的结构和含义，可以看出企业的现金主要用在何处。

经营活动（如购买商品、接受劳务）所支出的现金往往要占较大的比重，投资和筹资活动的现金流出则因企业的财务政策不同而存在较大的差异。有些企业投资和筹资活动的现金流出较少，而有些企业则可能很大，甚至超过经营活动的现金流出。

在企业的正常经营活动中，其经营活动现金流出具有一定的稳定性，各期变化幅度不会太大，但投资活动、筹资活动现金流出的稳定性较差，甚至具有偶发性。随着交付投资款、偿还到期债务和支付股利等活动的发生，当期该类活动的现金流出便会剧增。现金流出纵向结构分析可分为总流出分析与分项流出分析。

### 1. 总流出分析

总流出分析是以总现金流出量作为100%，再分别计算经营活动产生的现金流出量、投资活动产生的现金流出量和筹资活动产生的现金流出量所占的百分比。除了进行当年度的比较之外，也可以进行若干年度的比较。

### 2. 分项流出分析

分项流出分析是以分项现金流出量作为100%，再分别计算各部分的现金流出量所占的百分比。除了进行当前年度的比较之外,也可以进行若干年度的比较。

### (三) 现金流入流出比例分析

现金流入流出比例分析是指分析经营活动产生的现金流入与流出的比例、投资活动产生的现金流入与流出的比例和筹资活动产生的现金流入与流出比例。

对于一个正常发展的企业,经营活动现金流入和流出的比率应大于1,投资活动现金流入和流出的比率应小于1,筹资活动现金流入和流出之间的比例应随着企业资金余缺的程度围绕1上下波动。

在分析现金流入流出比例时,应注意:①对潜在的、可随时变现的现金流入适当关注,主要是那些变现能力较强的有价证券,如股票、债券。这些资产的变现能力很强,其中债券变现损失的风险又比较小。另外,一些安全度较高的应收账款也具有较好的流动性。②不能忽视潜在的现金流出。有许多情况可能会导致巨额现金的流出,如为其他企业借款进行的担保、未了结的某些重大经济赔偿。企业财务报表的附注是对企业现金流量真实状况很好的补充解释。

## 四、投资活动与筹资活动现金流量的匹配性分析

分析投资活动与筹资活动两者之间是否具有匹配关系,主要是分析其是否存在错配现象。比如,利用短期筹资进行长期投资或利用长期筹资支付短期投资。一般来说,应以长期筹资支付长期投资,短期筹资支付短期投资。

匹配性分析主要是通过两个比率进行计算分析:

$$投资活动筹资比率 = 投资活动净现金流量 \div 筹资活动净现金流量$$

该比率可以衡量全部投资活动的净现金流出的资金来源。若该比率绝对值小于1,则表明投资活动依赖筹资活动资金;若该比率绝对值大于1,则表明筹资活动资金不能满足投资资金的需要,还需要经营活动的资金支持。

$$投资活动经营筹资比率 = 投资活动净现金流量 \div 经营与筹资活动净现金流量之和$$

若该比率绝对值小于1,则表明同期产生的经营和筹资活动的净现金流量可以支撑投资活动的净现金流量的需要;若该比率绝对值大于1,则表明投资活动的现金流出不但耗尽了同期产生的经营或筹资活动的现金收入,而且动用了原来的现金及现金等价物,企业未来的财务流动性必将受到影响。

如果投资活动中的现金流出量与筹资活动中现金流入量在本期数额都相当大,说明该企业在保持内部稳定经营的同时,从外界筹集了大笔资金以扩大其生产规模。反之,如果投资活动中产生的现金流入量与筹资活动中产生的现金流出量在数额上比较接近并且较大,则说明企业在保持内部稳定经营的前提下,收回大笔对外投资的资金以支付到期债务,意味着其没有扩张的动机。

**素养提升**

过好企业的"日子"

过去20年,美国在线零售商亚马逊公司,一直以负利润或零利润状况经营,这并没有妨碍它为全世界的消费者提供优质服务,也没妨碍它的股票自1997年上市至今,上涨超过200倍。相反,拥有150多年历史、账面资产近7 000亿美元的华尔街老牌投行雷曼兄弟,由于没能筹到200亿美元,于2008年9月15日轰然倒下,宣布破产并引发了一场世界级的金融风暴。

由此可见,现金流就是价值流,健康的现金流不仅能保障企业的正常运转,还能获得外界源源不断的支持,从而改善产品和服务,给客户带来价值的同时促进自身的快速成长。现金流量是企业的日子,而我们应重点关注该如何过好企业的日子。

# 学习任务四  所有者权益变动表初步分析

## 学习情境描述

根据比亚迪（股票代码：002594）的所有者权益变动表报告，搜集相关的财务数据与非财务信息，完成对比亚迪的所有者权益变动表的初步分析，为公司投资决策提供支持。

## 学习目标

（1）了解所有者权益变动表初步分析的目的。
（2）掌握所有者权益变动表初步分析的方法、内容与要点。
（3）能够团队合作完成所有者权益变动表初步分析，并完成整体分析报告撰写。

## 任务书

在比亚迪财务部门月度工作例会上，财务总监提到公司总经理要对公司的整体经营情况开展全面的调研，以全面掌握企业的经营状况，财务部将从财务角度提供相关的经营分析报告，为总经理的经营决策提供支持。作为财务分析专员，依据工作流程，你需要对所有者权益变动表进行初步分析，并做出专业的分析报告。

## 获取信息

**引导问题1**：所有者权益是指企业资产扣除负债后由所有者享有的剩余权益，主要由两个方面组成：一是由投资者投资形成的，包括_____和_____；二是由企业经营过程中的资本积累形成的，包括_____和_____。

视频：企业所有者权益变动表的初步分析要点

**引导问题2**：所有者权益变动表不仅应该包括当期损益、直接计入所有者权益的利得和损失，还应包括与所有者进行资本交易导致的_____的变动等，这能让报表使用者准确理解所有者权益增减变动的根源。

**引导问题3**：所有者权益变动表以矩阵的形式列示，一方面列示_____，对一定时期所有者权益的变动情况进行全面反映，另一方面按照_____列示交易或者事项对所有者权益的影响。

**引导问题4**：所有者权益变动表纵向主要列示反映以下信息：上年年末所有者权益各项目余额、本年增减变动金额、本年年初所有者权益各项目余额、_____。

**引导问题5**：所有者权益变动表中横向主要列示以下信息：实收资本（或股本）、其他权益工具、_____、库存股、_____、其他综合收益、专项储备、_____、一般风险准备、_____、其他。合并所有者权益变动表还需要列示少数股东权益。

**引导问题6：** 只对所有者权益变动表进行整体分析是不够的，还需要深入分析所有者权益变动表的内部结构，我们可以借助_____与_____两种方法对其进行分析。请阐释两种方法的区别。

_____

**引导问题7：** "所有者权益变动表'上年金额'栏内各项数字应根据上年度所有者权益变动表'本年金额'栏内所列数字填列"这句话的表述是否正确？为什么？

_____

**引导问题8：** 所有者权益变动表"本期增减变动金额"中的"综合收益总额"应当如何计算？

_____

**引导问题9：** 所有者权益变动表"本期增减变动金额"中的"所有者投入和减少资本"反映了什么？

_____

**引导问题10：** 所有者权益变动表"本期增减变动金额"中的"利润分配"项目反映了什么？

_____

**引导问题11：** 所有者权益变动表"本期增减变动金额"中的"所有者权益内部结转"下各项目，反映不影响当年所有者权益总额的所有者权益各组成部分之间当年的增减变动，包括_____、_____、_____、_____、_____和其他。

**引导问题12：** 所有者权益项目内部结转是否会对资产结构产生影响？为什么？

_____

## 工作实施

搜集比亚迪（股票代码：002594）2018—2020年的年度报告及其他非财务信息，仔细研读所有者权益变动表相关内容，完成所有者权益变动表分析（表1-4-1～表1-4-4）。

比亚迪2018—2020年所有者权益变动表

## 一、所有者权益变动表整体分析

### 表1-4-1 比亚迪2020年度所有者权益变动表（简表）

单位：亿元

| 项目 | 股本 | 其他权益工具 | 资本公积 | 其他综合收益 | 专项储备 | 盈余公积 | 未分配利润 | 少数股东权益 | 所有者权益合计 |
|---|---|---|---|---|---|---|---|---|---|
| 上年期末余额 | | | | | | | | | |
| 本年期初余额 | | | | | | | | | |
| 本年增减变动金额 | | | | | | | | | |
| 本年期末余额 | | | | | | | | | |

### 表1-4-2 比亚迪2019年度所有者权益变动表（简表）

单位：亿元

| 项目 | 股本 | 其他权益工具 | 资本公积 | 其他综合收益 | 专项储备 | 盈余公积 | 未分配利润 | 少数股东权益 | 所有者权益合计 |
|---|---|---|---|---|---|---|---|---|---|
| 上年期末余额 | | | | | | | | | |
| 本年期初余额 | | | | | | | | | |
| 本年增减变动金额 | | | | | | | | | |
| 本年期末余额 | | | | | | | | | |

**分析评价**：2020年年末所有者权益总额为_____，2019年年末所有者权益总额为_____，与2019年年末相比，所有者权益总额增加了_____。2020年所有者权益变动表的本年增减变动金额为_____，产生增减变动的项目是_____。

## 二、所有者权益变动表横向结构分析

### 表1-4-3 比亚迪所有者权益变动表横向结构变动情况分析

单位：亿元

| 项目 | 2020年 | 2019年 | 变动情况 | |
|---|---|---|---|---|
| | | | 变动额 | 变动率 |
| 一、上年期末余额 | | | | |

续表

| 项目 | 2020 年 | 2019 年 | 变动情况 ||
| --- | --- | --- | --- | --- |
| | | | 变动额 | 变动率 |
| 二、本年期初余额 | | | | |
| 三、本年增减变动金额 | | | | |
| （一）综合收益总额 | | | | |
| （二）所有者投入或减少资本 | | | | |
| 1. 所有者投入的普通股 | | | | |
| 2. 其他权益工具持有者投入资本 | | | | |
| 3. 股份支付计入所有者权益的金额 | | | | |
| 4. 其他 | | | | |
| （三）利润分配 | | | | |
| 1. 提取盈余公积 | | | | |
| 2. 提取一般风险准备 | | | | |
| 3. 对所有者或者股东的分配 | | | | |
| 4. 其他 | | | | |
| （四）所有者权益内部结转 | | | | |
| 1. 资本公积转增资本（或股本） | | | | |
| 2. 盈余公积转增资本（或股本） | | | | |
| 3. 盈余公积弥补亏损 | | | | |
| 4. 设定受益计划变动额结转留存收益 | | | | |
| 5. 其他综合收益结转留存收益 | | | | |
| 6. 其他 | | | | |
| （五）专项储备 | | | | |
| 1. 本期提取 | | | | |
| 2. 本期使用 | | | | |
| （六）其他 | | | | |
| 四、本期期末余额 | | | | |

**分析评价**：从总体上看，2020 年所有者权益的期初余额为_____，比 2019 年期末增加

了_____，增加幅度为_____。2020年所有者权益期末余额较2019年增加了_____，增加幅度为_____，说明该公司2020年所有者权益规模_____。

2020年所有者权益增减变动金额为_____，比2019年同期增加_____，增加幅度为_____。造成增幅较大的原因是_____
_____。

具体来看，比亚迪公司2020年综合收益总额为_____，比2019年增加_____，变动率为_____。2020年所有者投入或减少资本总额为_____，较2019年增加了_____，变动率为_____，导致变化的原因是_____。2020年利润分配发生额为_____，比2019年增加了_____，变动率为_____，产生变化的主要原因是_____。其中，提取盈余公积金额增加了_____，变动率为_____；对所有者或者股东的分配增加了_____，变动率为_____。2020年所有者权益内部结转发生额为_____，比2019年增加了_____，变动率为_____，产生变化的主要原因是_____。2020年专项储备发生额为_____，比2019年增加了_____，变动率为_____。

## 三、所有者权益变动表纵向结构分析

表1-4-4 比亚迪所有者权益变动表纵向结构变动情况分析

单位：亿元

| 项目 | 2020年 | 2019年 | 2020年期末结构百分比 | 2019年期末结构百分比 | 变动情况 |
| --- | --- | --- | --- | --- | --- |
| 一、上年期末余额 | | | | | |
| 二、本年期初余额 | | | | | |
| 三、本年增减变动金额 | | | | | |
| （一）综合收益总额 | | | | | |
| （二）所有者投入或减少资本 | | | | | |
| 1. 所有者投入的普通股 | | | | | |
| 2. 其他权益工具持有者投入资本 | | | | | |
| 3. 股份支付计入所有者权益的金额 | | | | | |
| 4. 其他 | | | | | |
| （三）利润分配 | | | | | |
| 1. 提取盈余公积 | | | | | |

续表

| 项目 | 2020 年 | 2019 年 | 2020 年期末结构百分比 | 2019 年期末结构百分比 | 变动情况 |
| --- | --- | --- | --- | --- | --- |
| 2. 提取一般风险准备 | | | | | |
| 3. 对所有者或者股东的分配 | | | | | |
| 4. 其他 | | | | | |
| （四）所有者权益内部结转 | | | | | |
| 1. 资本公积转增资本（或股本） | | | | | |
| 2. 盈余公积转增资本（或股本） | | | | | |
| 3. 盈余公积弥补亏损 | | | | | |
| 4. 设定受益计划变动额结转留存收益 | | | | | |
| 5. 其他综合收益结转留存收益 | | | | | |
| 6. 其他 | | | | | |
| （五）专项储备 | | | | | |
| 1. 本期提取 | | | | | |
| 2. 本期使用 | | | | | |
| （六）其他 | | | | | |
| 四、本期期末余额 | | | | | |

**分析评价**：比亚迪公司所有者权益变动表中，2020 年的期初余额结构百分比为_____，2019 年的期初余额结构百分比为_____，2020 年较 2019 年增加了_____。2020 年的本年增减变动金额的结构百分比为_____，2019 年的本年增减变动金额的结构百分比为_____，2020 年较 2019 年增加了_____。其中，综合收益总额项目 2020 年结构百分比较 2019 年结构百分比变化了_____，所有者投入或减少资本项目 2020 年结构百分比较 2019 年结构百分比变化了_____，利润分配项目 2020 年结构百分比较 2019 年结构百分比变化了_____，所有者权益内部结转项目 2020 年结构百分比较 2019 年结构百分比变化了_____，专项储备项目 2020 年结构百分比较 2019 年结构百分比变化了_____，其他项目 2020 年结构百分比较 2019 年结构百分比变化了_____。因此，本年增减变动金额发生波动，主要是由_____发生较大变化导致的。

### 学习情境的相关知识点

所有者权益变动表是反映公司本期（年度或中期）内截至期末所有者权益变动情况的报表。所有者权益是指企业资产扣除负债后由股东享有的"剩余权益"，也称为净资产，是股东投资资本与经营过程中形成的留存收益的集合，是股东投资和公司发展实力的资本体现。它把企业权益的增加分成了"最终属于所有者权益变动的净利润"和"与经营无关，直接计入所有者权益的利得和损失"两部分，体现了企业综合收益的理念，全面体现了各项交易和事项导致的所有者权益增减变动的来源和去向，以及所有者权益各组成部分增减变动的结构性信息。

## 一、所有者权益变动表整体解读

所有者权益变动表分析，是通过分析所有者权益的来源及其变动情况，了解会计期间内影响所有者权益增减变动的具体原因，判断构成所有者权益各个项目变动的合法性与合理性，为报表使用者提供较为真实的所有者权益总额及其变动信息。

所有者权益变动表以矩阵的形式列示：一方面，列示导致所有者权益变动的交易或事项，即所有者权益变动的来源，对一定时期所有者权益的变动情况进行全面反映；另一方面，按照所有者权益各组成部分（即实收资本、资本公积、盈余公积、未分配利润和库存股）列示交易或事项对所有者权益的影响。

所有者权益变动表反映的内容包括：所有者权益各项目本年年初余额的确定、本年度取得的影响、所有者权益增减变动的收益和利得或损失、所有者投入或减少资本引起的所有者权益的增减变化、利润分配引起的所有者权益各项目的增减变化、所有者权益内部项目之间的相互转化。所有者权益变动表各个项目之间的关系具体见下列公式：

本年年末余额 = 本年年初余额 + 本年增减变动金额

本年年初余额 = 上年期末余额 + 会计政策变更 + 前期差错更正

> **小提示**："本年金额"栏对应的"本年年初余额"行次的金额并非一定等于"上年年末余额"行次的金额。本年度如果发生符合规定条件的会计政策变更或前期差错更正事项，"本年年初余额"行次的金额就不等于"上年年末余额"行次的金额。

本年增减变动金额 = 综合收益总额 + 所有者投入和减少资本 + 利润分配 + 所有者权益内部结转

对所有者权益变动表进行分析，其最重要的内容是本年增减变动金额。其中，综合收益总额反映了净利润和其他综合收益之和。"净利润"项目，反映企业当年实现的净利润（或净亏损）金额，并对应列在"未分配利润"栏。"其他综合收益"项目，反映企业当年直接计入所有者权益的利得和损失金额。"所有者投入或减少资本"项目,反映企业当年所有者投入的资本或减少的资本。其中,"所有者投入资本"项目,反映企业接受投资者投入形成的实收资本(或股本)和资本溢价(或股本溢价),并对应列在"实收资本"和"资本公积"栏。"利润分配"下各项目,反映当年对所有者(或股东)分配的利润(或股利)金额和按照规定提取的盈余公积金额。"所有者权益内部结转"下各项目,反映不影响当年所有者权益总额的所有者权益各组成部分之间当年的增减变动,包括资本公积转增资本(或股本)、盈余公积转增资本(或股本)、盈余公积弥补亏损等项目的金额。

## 二、所有者权益变动表横向结构分析

所有者权益变动表横向结构分析,是将所有者权益各个项目的本期数与基准进行对比(可以是上期数等),揭示公司当期所有者权益各个项目的水平及其变动情况,解释公司净资产变动的原因,借以进行相关决策的过程。所有者权益水平增减变动是注册资本、资本公积、留存收益发生变化。通过对所有者权益增减变动的分析,可进一步了解企业对负债偿还的保证程度和企业自己积累资金、融通资金的能力与潜力。

### (一)本年期初余额变化分析

所有者权益本年期初余额的变化体现了期初所有者权益总量的增减变动。

### (二)本年增减变动金额变化分析

本年增减变动金额的变化可能来源于综合收益、所有者投入或减少资本、利润分配、所有者权益内部结转、专项储备及其他方面。专项储备用于核算高危行业企业按照规定提取的安全生产费以及维持简单再生产费用等具有类似性质的费用,对于一般行业而言,重点关注前四项的变动情况。

综合收益体现的是企业管理层的"业绩"。如果发生较大正向变动,说明经营成果较上年有较大提升。

所有者投入或减少资本体现的是所有者对企业未来发展趋势的评判和预期。正向的增长率反映了企业所有者对该企业未来发展趋势的积极预期以及对企业管理层具有良好的信任程度。

利润分配体现的是管理层对企业所有者(或股东)资本性投资的回报水平,主要体现出企业所有者(或股东)对于长远利益如何取舍的价值观及对该企业未来发展的预期。

所有者权益内部结转的变化来源主要是资本公积转增资本(或股本)、盈余公积转增资本(或股本)、盈余公积弥补亏损、设定受益计划变动额结转留存收益、其他综合收益结转留存收益及其他原因。

## （三）本期期末余额变化分析

所有者权益本年期初余额的变化体现了期末所有者权益总量的增减变动，增减变动的主要原因是"本年增减变动金额"发生了变化。

## 三、所有者权益变动表纵向结构分析

所有者权益变动表的纵向结构分析，是将所有者权益各个子项目变动占所有者权益变动的比重予以计算，并进行分析评价，揭示公司当期所有者权益各个项目的比重及其变动情况，解释公司净资产构成的变动原因，借以进行相关决策的过程。对于纵向结构分析，重点关注"本年增减变动金额"的结构变化。"本年增减变动金额"列示的内容中，重点关注综合收益、所有者投入或减少的资本、利润分配、所有者权益内部结转等四项内容，并通过进一步的项目分析，挖掘结构变化的深层次原因。

> **素养提升**
>
> **恪守职业道德，保障高质量信息**
>
> 2018年广东正中珠江会计师事务所（特殊普通合伙）对康美药业2017年的财务报表进行审计之后，出具了标准无保留意见的审计报告，并将其财务报告公布于众。而后发现康美药业的货币资金虚增了将近300亿元。2019年4月29日，康美药业发布了一份《关于前期会计差错更正的公告》，具体阐述了公司2017年年报中出现的14项会计错误，这些错误涉及利润、收入、现金等关键项目，而且一差就是差几十亿元、数百亿元。
>
> 作为一名会计工作人员，应当恪守职业道德，为会计信息质量负责。2017年开始，各地区纷纷开始对会计人员信息进行采集，建立会计人员诚信档案，保障高质量的会计信息。

# 学习领域二

# 财务报表项目分析

## 学习任务一　资产负债表项目分析

**学习情境描述**

根据比亚迪（股票代码：002594）的资产负债表报告，搜集相关的财务数据与非财务信息，完成对比亚迪的资产负债表的相关项目分析，为公司投资决策提供支持。

**学习目标**

（1）通过查阅资料，能够搜集并整理与资产负债表相关信息，挖掘背后的非财务信息。

（2）掌握资产负债表相关项目的分析方法、内容与要点。

（3）能够团队合作完成资产负债表分析，并完成单项分析报告撰写。

**任务书**

在比亚迪财务部门月度工作例会上，财务总监提到公司总经理要对公司的整体经营情况开展全面的调研，以全面掌握企业的经营状况，财务部从财务角度提供相关的经营分析报告，为总经理的经营决策提供支持。前期，作为财务分析专员，你已经完成了企业四大财务报表的初步分析，按照工作流程需要对资产负债表相关的报表项目进行筛选，并深入分析，做出专业的分析报告。

**获取信息**

**引导问题1**：资产负债表上的数据反映企业真实财务状况的程度，资产负债表项目分析是对企业_____、_____、_____等各项目可能带来的增值、盈利、变现、可利用等进行分析。

视频：资产负债表项目分析要点

**引导问题2**：货币资金是指企业生产经营中处于货币形态的那部分资金，按其形态和用途的不同可分为_____、_____、_____。货币资金本身就是现金，为维持企业经营活动的正常运转，企业必须持有一定量的货币资金。但货币资金数量并非是越多越好，货币资金持有量多，表明企业资金使用效率＿＿＿＿＿＿＿，会＿＿＿＿＿＿＿企业的盈利能力，还会＿＿＿＿＿＿＿企业的筹资成本，同时也必然会造成资金的浪费；持有量少，意味着企业＿＿＿＿＿＿＿资金，将会影响企业的正常经营活动，制约企业的发展。

**引导问题 3**：应收账款增多，一方面表现为企业收入增加，另一方面表现为企业管理不力，使机会成本、坏账损失和收账费用增加，因此，需要在刺激销售收入和减少坏账间寻找赊销政策的最佳点。请同学们思考一下，影响应收账款规模的主要因素有哪些？

_____

_____

**引导问题 4**：存货是企业在日常活动中持有以备出售的产成品或商品，处于生产过程中的在产品、在生产过程或提供劳务过程中耗用的材料和物料等。例如：＿＿＿＿＿＿＿＿＿＿＿＿＿＿＿＿。存货主要由＿＿＿＿＿、＿＿＿＿＿、＿＿＿＿＿三部分构成。

**引导问题 5**：对固定资产进行分析时，应分析哪些内容？

_____

_____

**引导问题 6**：对无形资产的分析，可以从以下几个方面进行：第一，无形资产规模和变动分析。通过阅读＿＿＿＿＿＿＿，了解企业无形资产规模和变动情况，分析其变动原因。第二，无形资产会计政策分析，需重点分析＿＿＿＿＿＿＿以及＿＿＿＿＿＿＿。第三，无形资产质量分析。由于无形资产所提供的经济利益具有不确定性，无形资产项目的金额往往＿＿＿＿＿＿＿全面反映企业无形资产的经济价值和潜力，因此，财务分析人员应对项目数据保持＿＿＿＿＿＿＿的态度，全面分析与评价企业的财务状况。

**引导问题 7**：负债按其偿还期的长短分为＿＿＿＿＿＿＿和＿＿＿＿＿＿＿。短期借款是企业向＿＿＿＿＿＿＿等借入的期限在1年以内（含1年）的各种借款。通常来说，短期借款占流动负债总额的比重较＿＿＿＿＿＿＿，表明企业有较好的银行信用。财务分析人员在对短期借款进行分析时，应关注短期借款的数量是否与＿＿＿＿＿＿＿的相关项目相对应，其中有无异常之处，应关注短期借款的＿＿＿＿＿＿＿，预测企业未来的现金流量以及评价企业偿付短期借款的能力。

**引导问题 8**：应付票据是指企业因购买材料、商品或接受劳务供应等开出的商业汇票，包括＿＿＿＿＿＿＿和＿＿＿＿＿＿＿。在进行报表分析时，报表使用者应当认真分析企业的应付票据，了解应付票据的＿＿＿＿＿＿＿，预测企业未来的现金流量以及保证按期偿付应付票据的能力。

**引导问题 9**：应付账款是指企业因购买材料、商品或接受劳务供应等而应付给供货单位的款项。付款期限是否越长越好？财务分析人员应当注意哪些指标？

_____

_____

**引导问题 10**：预收款项是企业根据合同规定向购买单位预收的款项。预收账款越多代表着企业的发展状况如何？财务分析人员应当注意什么？

_____

**引导问题 11**：职工薪酬是指职工在职期间和离职后提供给职工的全部货币性薪酬和非货币性薪酬。对于应付职工薪酬的分析，财务分析人员应当注意企业是否存在少计负债的问题，以及是否存在利用应付职工薪酬来调节利润的情况。对于以下两部分内容，应重点考虑哪些方面？

（1）应付非货币性福利。

_____

_____

（2）辞退福利。

_____

_____

**引导问题 12**：应交税费是指企业在生产经营过程中产生的应向国家缴纳的各种税费，主要包括_____等。分析应交税费时需注意哪些问题？

_____

**引导问题 13**：应付债券是企业为筹集长期资金而实际发行的债券及应付的利息，财务分析人员应重点关注债券的有关条款、是否存在溢折价、是否存在可赎回条款以及可转化条款。对于以上重点关注内容，应如何具体分析？

_____

**引导问题 14**：所有者权益是指企业资产扣除负债后由所有者享有的剩余权益，是资产总额抵减负债总额后的净额，是企业所有者对企业净资产的要求权。我国的所有者权益主要包括：_____、_____、_____、_____。对于所有者权益的分析有助于投资者的决策，所以投资者应关注所有者权益的增减变动。

**引导问题 15**：实收资本是指所有者在企业注册资本的范围内实际投入的资本，在股份公司中称为股本。财务分析人员应当关注该项目的两个情况：第一，企业在初始成立时，注册资本是否已经到位，如果没有，应_____；第二，企业接受的投资如果是非货币资产，应分析该资产的_____是否与投资双方达成的合同金额相符，是否存在资产高估的情况。

**引导问题 16**：资本公积是企业在经营过程中由于接受捐赠、股本溢价等原因所形成的公积金。在对资本公积进行分析时，应注意企业是否存在通过资本公积项目来改善财务状况的情况。财务分析人员应如何避免企业通过资本公积项目来改善财务状况？

**引导问题 17**：留存收益是指企业从历年实现的净利润中计提或形成的、留存于企业的内部积累，由盈余公积和未分配利润两部分构成。留存收益分析的重点以及其组成项目的分析重点各是什么？

## 工作实施

搜集比亚迪（股票代码：002594）2018—2020 年的年度报告及其他非财务信息，仔细研读资产负债表相关内容，完成资产负债表项目分析（表 2–1–1 ~ 表 2–1–22）。

比亚迪年报

## 一、资产项目分析

### 1. 分析货币资金项目的变动情况

**表 2–1–1　货币资金项目变动分析**

单位：亿元

| 项目 | 期末余额 | 期初余额 |
| --- | --- | --- |
| 库存现金 |  |  |
| 银行存款 |  |  |
| 其他货币资金 |  |  |
| 合计 |  |  |

**分析评价**：从总体来看，比亚迪的货币资金期末金额 2020 年比 2019 年＿＿＿＿＿＿，其主要原因是＿＿＿＿＿＿＿＿＿＿等项目的变化。

### 2. 分析交易性金融资产项目的变动情况

**表 2–1–2　交易性金融资产项目变动分析**

单位：亿元

| 项目 | 期末余额 | 期初余额 |
| --- | --- | --- |
| 债务工具投资 |  |  |

续表

| 项目 | 期末余额 | 期初余额 |
|---|---|---|
| 权益工具投资 | | |
| 合计 | | |

**分析评价**：从总体来看，比亚迪的债务工具投资金额 2020 年比 2019 年 _____，权益工具投资金额 2020 年比 2019 年 _____，这可能在给企业带来 _____。

**3. 分析应收票据项目的变动情况**

表 2-1-3　应收票据项目的变动分析

单位：亿元

| 项目 | 期末余额 | 期初余额 |
|---|---|---|
| 银行承兑票据 | | |
| 商业承兑票据 | | |
| 合计 | | |

**分析评价**：比亚迪持有的主要是 _____ 汇票，所以应收账款的质量 _____，且应收票据期末余额较期初余额有所 _____，说明 _____。

**4. 分析应收财款项目的变动情况**

表 2-1-4　比亚迪应收账款余额表

单位：亿元

| 类别 | 期末余额 | | | | 期初余额 | | | | 账面价值 |
|---|---|---|---|---|---|---|---|---|---|
| | 账面余额 | 坏账准备 | | 账面价值 | 账面余额 | 坏账准备 | | | |
| | 金额 | 金额 | 计提比例 | | 金额 | 金额 | 计提比例 | | |
| 按信用风险特征组合计提坏账准备的应收账款 | | | | | | | | | |
| 合计 | | | | | | | | | |

### 表2-1-5　比亚迪应收账款坏账准备计提表

单位：亿元

| 账龄 | 期末余额 | | |
|---|---|---|---|
| | 应收账款 | 坏账准备 | 计提比例 |
| 1年以内 | | | |
| 其中：1年以内分项 | | | |
| 　　3个月以内 | | | |
| 　　3~6个月 | | | |
| 　　半年至1年 | | | |
| 　　1年以内小计 | | | |
| 1~2年 | | | |
| 2~3年 | | | |
| 3年以上 | | | |
| 合计 | | | |

**分析评价**：从账龄上来看，比亚迪应收账款的账龄主要在＿＿＿＿个月以内，坏账发生的比例较＿＿＿＿，＿＿＿＿的应收账款在6个月内，风险＿＿＿＿。从坏账计提比例来看，坏账准备的计提比例在不同时期是不同的，账龄越长则坏账准备计提比例越＿＿＿＿。综合上述两个方面来看，企业的信用政策较＿＿＿＿。

5. 分析预付账款项目的变动情况

### 表2-1-6　预付账款项目变动分析

单位：亿元

| 账龄 | 期末余额 | | 期初余额 | |
|---|---|---|---|---|
| | 金额 | 比例 | 金额 | 比例 |
| 1年以内 | | | | |
| 1~2年 | | | | |
| 2~3年 | | | | |
| 3年以上 | | | | |
| 合计 | | | | |

**分析评价**：比亚迪账龄在1年以内的预付款项占＿＿＿＿，说明＿＿＿＿。账龄超过1年

的预付款项占比为_____，需要_____。

**6. 分析存货项目的变动情况**

表2-1-7　存货项目变动分析

单位：亿元

| 项目 | 期末余额 | | | 期初余额 | | |
|---|---|---|---|---|---|---|
| | 账面余额 | 跌价准备 | 账面价值 | 账面余额 | 跌价准备 | 账面价值 |
| 原材料 | | | | | | |
| 在产品 | | | | | | |
| 库存商品 | | | | | | |
| 合计 | | | | | | |

分析评价：比亚迪存货期末账面余额较期初账面余额_____，主要原因是_____。原材料期末账面余额较期初账面余额_____，主要原因是_____；在产品期末账面余额较期初账面余额_____，主要原因是_____；库存商品期末账面余额较期初账面余额_____，主要原因是_____。

**7. 分析长期金融资产项目的变动情况**

表2-1-8　长期金融资产项目变动分析

| 被投资单位 | 期初余额 | 追加投资 | 权益法下的投资损益 | 其他综合收益调整 | 期末余额 |
|---|---|---|---|---|---|
| | | | | | |
| | | | | | |
| | | | | | |
| 合计 | | | | | |

分析评价：比亚迪以_____形式为长期股权投资的主要形式。投资对象主要由_____构成，其经营状况_____，从而说明企业长期股权投资的质量_____。

**8. 分析固定资产项目的变动情况**

表2-1-9　固定资产项目变动分析

单位：亿元

| 项目 | 房屋及建筑物 | 机器设备 | 运输工具 | 电子设备及其他 | 合计 |
|---|---|---|---|---|---|
| 一、账面原值 | | | | | |
| 1. 期初余额 | | | | | |

续表

| 项目 | 房屋及建筑物 | 机器设备 | 运输工具 | 电子设备及其他 | 合计 |
|---|---|---|---|---|---|
| 2. 本期增加金额 | | | | | |
| （1）购置 | | | | | |
| （2）在建工程转入 | | | | | |
| 3. 本期减少金额 | | | | | |
| 处置或报废 | | | | | |
| 4. 期末余额 | | | | | |
| 二、累计折旧 | | | | | |
| 1. 期初余额 | | | | | |
| 2. 本期增加金额 | | | | | |
| 计提 | | | | | |
| 3. 本期减少金额 | | | | | |
| 处置或报废 | | | | | |
| 4. 期末余额 | | | | | |
| 三、账面价值 | | | | | |
| 1. 期末账面价值 | | | | | |
| 2. 期初账面价值 | | | | | |

**分析评价**：比亚迪固定资产期末账面价值较期初_____。房屋及建筑物的期末账面价值较期初_____，是因为_____；机器设备期末账面价值较期初_____，主要是因为_____；运输工具期末账面价值较期初_____，主要是因为_____；电子设备期末账面价值较期初_____，主要是因为_____。

**9. 分析在建工程项目的变动情况**

表2－1－10　在建工程项目变动分析

单位：亿元

| 项目 | 期末余额 | | 期初余额 | |
|---|---|---|---|---|
| | 账面余额 | 账面价值 | 账面余额 | 账面价值 |
| | | | | |
| | | | | |
| | | | | |
| 合计 | | | | |

**分析评价**：比亚迪在建工程期末账面价值_____亿元，较期初账面价值_____亿元呈_____趋势，是因为_____。

**10. 分析无形资产项目的变动情况**

表2-1-11  无形资产项目变动分析

单位：亿元

| 项目 | 土地使用权 | 合计 |
|---|---|---|
| 一、账面原值 |  |  |
| 　1. 期初余额 |  |  |
| 　2. 本期增加金额 |  |  |
| 　　购置 |  |  |
| 　3. 本期减少金额 |  |  |
| 　4. 期末余额 |  |  |
| 二、累计摊销 |  |  |
| 　1. 期初余额 |  |  |
| 　2. 本期增加金额 |  |  |
| 　　计提 |  |  |
| 　3. 期末余额 |  |  |
| 三、账面价值 |  |  |
| 　1. 期末账面价值 |  |  |
| 　2. 期初账面价值 |  |  |

**分析评价**：比亚迪无形资产中土地使用权期末账面价值_____亿元，较期初账面价值_____亿元呈_____趋势，是因为_____。

## 二、负债项目分析

**1. 分析短期借款项目的变动情况**

表2-1-12  短期借款项目变动分析

单位：亿元

| 项目 | 期末余额 | 期初余额 |
|---|---|---|
| 质押借款 |  |  |
| 抵押借款 |  |  |

续表

| 项目 | 期末余额 | 期初余额 |
| --- | --- | --- |
| 保证借款 | | |
| 信用借款 | | |
| 保证+质押 | | |
| 合计 | | |

**分析评价**：比亚迪的短期借款由_____组成，与流动资产的相关项目相对应。短期借款期末余额较期初余额有所_____，主要是由于_____。

**2. 分析应付票据项目的变动情况**

表2-1-13　应付票据项目变动分析

单位：亿元

| 种类 | 期末余额 | 期初余额 |
| --- | --- | --- |
| 银行承兑汇票 | | |
| 商业承兑汇票 | | |
| 合计 | | |

**分析评价**：比亚迪本期的银行承兑汇票占比_____，商业承兑汇票占比_____，报表使用者要关注票据的_____，合理安排好资金。

**3. 分析应付账款项目的变动情况**

表2-1-14　应付账款项目变动分析

单位：亿元

| 项目 | 期末余额 | 期初余额 |
| --- | --- | --- |
| 材料款 | | |
| 工程款 | | |
| 合计 | | |

**分析评价**：比亚迪应付款项期末余额较期初_____，是因为_____。其中，材料款较上期_____，说明_____；工程款较上期_____，说明_____。

**4. 分析预收款项项目的变动情况**

表2-1-15　预收款项项目变动分析

单位：亿元

| 项目 | 期末余额 | 期初余额 |
|---|---|---|
| 货款 | | |
| 合计 | | |

**分析评价**：比亚迪预收款项的期末余额较期初余额有所_____，说明比亚迪的产品销售情况_____，企业未来营业收入_____，也说明公司的生产压力_____。

**5. 分析应付职工薪酬项目的变动情况**

表2-1-16　应付职工薪酬项目变动分析

单位：亿元

| 项目 | 期初余额 | 本期增加 | 本期减少 | 期末余额 |
|---|---|---|---|---|
| 一、短期薪酬 | | | | |
| 二、离职后福利——设定提存计划 | | | | |
| 合计 | | | | |

**分析评价**：比亚迪应付薪酬期末余额较期初余额总体_____。短期薪酬期末余额较期初余额有所_____，是由于_____；设置提存计划期末余额较期初余额有所增加，是由于_____。应付薪酬变化数_____，说明公司人员比较_____。

**6. 分析应交税费项目的变动情况**

表2-1-17　应交税费项目变动分析

单位：亿元

| 项目 | 期末余额 | 期初余额 |
|---|---|---|
| 增值税 | | |
| 消费税 | | |
| 企业所得税 | | |
| 个人所得税 | | |
| 城市维护建设税 | | |
| 印花税 | | |

续表

| 项目 | 期末余额 | 期初余额 |
| --- | --- | --- |
| 房产税 | | |
| 土地使用税 | | |
| 教育费附加 | | |
| 综合基金 | | |
| 合计 | | |

**分析评价**：比亚迪应交税费期末余额较期初余额有所_____，是由于_____，这说明企业该年的销售业务_____，盈利情况_____。

**7. 分析应付股利项目的变动情况**

表2-1-18　应付股利项目变动分析

单位：亿元

| 项目 | 期末余额 | 期初余额 |
| --- | --- | --- |
| 子公司应付股利 | | |
| 合计 | | |

**分析评价**：比亚迪应付股利期末余额较期初余额有所_____，是由于_____，这说明企业_____。

**8. 分析长期借款项目的变动情况**

表2-1-19　长期借款项目变动分析

单位：亿元

| 项目 | 期末余额 | 期初余额 |
| --- | --- | --- |
| | | |
| | | |
| 合计 | | |

**分析评价**：比亚迪长期借款的期末余额较期初余额有所_____，是由于_____，这说明企业的银行信用_____，举债_____，且目前长期借款金额_____，这表明企业自身资金状况_____。

## 三、所有者权益项目分析

**1. 分析实收资本（股本）项目的变动情况**

表 2-1-20　实收资本项目变动分析

| 项目 | 期初余额 | 本次变动增减（+、-） | | | 期末余额 |
|---|---|---|---|---|---|
| | | 送股 | 其他 | 小计 | |
| 股份总数 | | | | | |

**分析评价**：比亚迪股本的期末余额较期初余额有所_____，是由于_____，该资产的公允价值与双方达成的合同金额_____，_____资产高估的情况。

**2. 分析资本公积项目的变动情况**

表 2-1-21　资本公积项目变动分析

单位：亿元

| 项目 | 期初余额 | 本期增加 | 本期减少 | 期末余额 |
|---|---|---|---|---|
| 股本溢价 | | | | |
| 其他资本公积 | | | | |
| 合计 | | | | |

**分析评价**：比亚迪资本公积的期末余额较期初余额有所_____，是由于_____，其中，股本溢价期末较期初_____，其他资本公积期末较期初_____。

**3. 分析留存收益项目的变动情况**

表 2-1-22　留存收益项目分析

单位：亿元

| 项目 | 期初余额 | 本期增加 | 期末余额 |
|---|---|---|---|
| 法定盈余公积 | | | |
| 任意盈余公积 | | | |
| 合计 | | | |

**分析评价**：比亚迪盈余公积的期末余额较期初余额有所_____，是由于_____，说明公司 2020 年利润总额有所_____，导致盈余公积总额_____，公司的偿债能力和获利能力有所_____。

#### 学习情境的相关知识点

资产负债表项目分析就是对企业资产、负债、所有者权益等各项目可能带来的增值、盈利、变现、可利用等情况进行分析，即资产负债表上的数据反映企业真实财务状况的程度。资产负债表项目分析应重点结合财务报表附注进行逐项分析。

## 一、资产项目分析

### （一）货币资金

货币资金是指企业生产经营中处于货币形态的那部分资金，按其形态和用途的不同可分为库存现金、银行存款、其他货币资金。货币资金本身就是现金。为维持企业经营活动的正常运转，企业必须持有一定量的货币资金。其特点是：有着极强的流动性，在企业持续经营过程中时有增减；收支活动频繁，在一定程度上货币资金收支数额的大小反映企业业务量的多少、企业规模的大小。由于货币资金是一种非盈利资产，持有量多，表明企业资金使用效率低，会降低企业的盈利能力，并且在浪费投资机会的同时，还会增加企业的筹资成本，同时也必然会造成资金的浪费；持有量少，意味着企业缺乏资金，不能满足企业对资金的交易性动机、预防性动机和投机性动机需求，将会影响企业的正常经营活动，制约企业的发展，进而降低企业的商业信用，增加企业财务风险。

在对货币资金进行分析时，应结合下列因素判断企业货币资金持有量是否合理。

**1. 资产规模与业务量**

一般来说，企业资产规模越大，相应的货币资金规模也就越大；业务量越大，相应的货币资金规模也就越小。

**2. 筹资能力**

如果企业有良好的信誉，筹资渠道畅通，就没有必要持有大量的货币资金，因为货币资金的盈利性通常较低。

**3. 运用货币的能力**

货币资金如果仅停留在货币形态，则只能用于支付，这意味着企业正在丧失潜在的投资机会。如果企业经营者利用货币资金的能力较强，则货币资金比重可维持在较低水平，将货币资金用于其他经营活动，企业的获利水平就有可能提高。

**4. 行业特点**

处于不同行业的企业，货币资金的合理规模存在差异，有些行业之间差别很大。

**5. 企业负债结构**

负债中短期债务占较大比重时，货币资金数额就需要保持较高的水平。

### （二）交易性金融资产

交易性金融资产持有的目的是在近期内出售获利，所以交易性金融资产应按照公允价值计价。分析应关注划分为该类别的资产是否与上述目的相符,该资产在分析时的公允价值与报表上的数据是否一致。

### (三) 应收票据

应收票据是企业因销售产品或提供劳务等所收到的商业汇票,包括银行承兑汇票和商业承兑汇票。在实际工作中,应当注意企业采用商业汇票结算的合理性和合法性。分析应关注企业持有的票据类型,是商业承兑汇票还是银行承兑汇票。若是后者,则应收票据的质量是可靠的;但若是前者,则应关注企业债务人的信用状况,是否存在到期不能偿付的可能。

### (四) 应收账款

应收账款是指企业因赊销产品、材料,提供劳务等业务而形成的商业债权。应收账款增多,一方面表现为企业收入增加,另一方面表现为企业管理不力,使机会成本、坏账损失和收账费用增加。影响应收账款规模的主要因素有:第一,企业的经营方式及所处的行业特点。如商品零售企业,相当一部分业务是现金销售业务,因而商业债权较少;而工业企业则往往采用赊销方式,从而商业债权较多。第二,企业的信用政策。放松信用政策将会刺激销售,扩大销售规模;收紧信用政策,则会制约销售,减小销售规模。应收账款规模的大小还与发生坏账的可能性成正比。因此,合理地确定信用政策,在刺激销售和减少坏账之间寻找最佳平衡点,是企业营销策略中必须解决的问题。

对应收账款质量的判断应从以下几方面着手。

**1. 判断应收账款规模的真实性和合理性**

主要是看应收账款增长率是否超过营业收入、流动资产等的增长率,如果前者超过后者,需要格外关注。导致这种情况发生的主要原因是:第一,企业放松信用政策使营业收入增加;第二,企业营业收入增长导致应收账款增加;第三,企业收账政策不当或收账工作不力,导致应收账款难以收回;第四,企业会计政策变更,坏账准备计提方法的改变从而改变了期末应收账款余额。

**2. 分析应收账款的转化**

其分析内容包括以下几个方面。第一,应收账款账龄分析。账龄越长,发生坏账的可能性就越大。第二,应收账款债务人分布。如果企业客户分布集中,则应收账款可能具有较大的风险;如果企业客户分布分散且众多,则应收账款风险较小,但管理难度和成本都会增加。第三,欠款企业的能力,指欠款企业的偿债能力、销售能力、产品盈利能力及现金流量等。

**3. 分析企业有无可能利用应收账款调节利润**

利用应收账款调节利润是最常见的利润操纵手法之一。为此,财务分析人员应注意企业突发性产生的应收账款与其对应的营业收入是否合理;注意关联企业之间的业务往来,分析是否存在通过关联交易操纵利润的现象。

### （五）预付账款

预付款项是指企业按照购货合同的规定，预先以货币资金或货币等价物支付给供应单位的款项。对于购货企业来说，预付款项是一项流动资产。预付款项一般包括预付的货款、预付的购货定金。作为流动资产，预付款项不是用货币抵偿的，而是要求供应单位在短期内以某种商品、提供劳务或服务来抵偿。预付款项的大幅度增加说明企业的业务增长速度加快。正常的预付款项期限都应当在 3 个月以内，超过期限对方仍未发货的话，其回收将存在一定风险，应给予必要的关注。

### （六）其他应收款

其他应收款是指企业在商品交易业务以外发生的各种应收、暂付款项。主要包括：应收的各种赔款、罚款，如因企业财产等遭受意外损失而应向有关保险公司收取的赔款等；应收出租包装物租金；应向职工收取的各种垫付款项，如为职工垫付的水电费、应由职工负担的医药费、房租费；存出保证金，如租入包装物支付的押金；其他各种应收、暂付款项。企业应收款分析需要重点关注金额较大的其他应收款的实质业务内容、账龄、金额等，尤其是关联方之间发生的应收账款。

### （七）存货

存货主要由原材料、在产品、产成品三部分构成。企业的资产是否作为存货处理，取决于其持有目的。如果持有目的是短期销售或快速消耗，则应作为存货处理。这样的持有目的使得存货明显区别于固定资产。

对企业的存货项目展开分析，不能仅仅依据资产负债表上的存货余额这一数字就下结论，还要结合报表附注中有关存货的披露内容，对其构成情况进行深入分析。这就需要了解企业存货各具体项目之间的构成比例，还要分析其规模的恰当性、规模变动的合理性以及对企业未来盈利能力所产生的影响。对存货进行质量分析，主要从毛利率、周转性以及保值性三个维度入手。

**1. 存货的毛利率分析**

存货的毛利率在一定程度上反映了存货的盈利能力。毛利率下降，表明企业的盈利能力下降，其竞争力下降。

**2. 存货的周转性分析**

存货的周转率越高，说明存货转变为现金的速度越快，存货的利用效果越好。但过高的存货周转率有可能是企业执行了过于宽松的信用政策的结果，很可能会导致企业出现大量坏账。

### 3. 存货的保值性分析

存货发出采用不同的计价方法,对企业的财务状况、盈亏情况会产生不同的影响(表2-1-23)。

**表2-1-23　存货计价方法对财务报表的影响**

| 存货计价方法 | 对资产负债表的影响 | 对利润表的影响 |
| --- | --- | --- |
| 先进先出法 | 存货价值比较符合实际 | 利润高估 |
| 加权平均法 | 存货价值比较符合实际 | 利润水平比较符合实际 |
| 个别计价法 | 存货价值符合实际 | 利润水平符合实际 |

当企业的存货计价方法发生变更时,财务分析人员要分析其变更的真正原因及其对当期资产和利润的影响。另外,存货在期末应按照成本与可变现净值孰低法提取存货跌价准备,对于可变现净值低于成本的部分,应当计提存货跌价准备。但在实际工作中,一些企业不按规定提取存货跌价准备或提取不正确,致使存货的账面价值高估,当期利润虚增。

### (八) 长期金融资产

长期金融资产包括长期股权投资、债权投资、其他债权投资、其他权益工具投资和其他非流动金融资产。

对长期股权投资进行分析时,应从以下两个方面进行分析:第一,长期股权投资构成的分析,主要从企业投资对象、投资规模、持股比例等方面进行,可以了解企业投资对象的经营状况以及收益等方面的情况,以此来判断企业长期股权投资的质量。第二,长期股权投资减值准备的分析,对于有市价的长期股权投资是否应当计提减值准备易于判断。然而对于无市价的长期股权投资,如果无法获得被投资单位详细可靠的信息,就难以对投资企业是否应当计提减值准备做出准确判断,需要深入分析,使结果不发生偏差。

### (九) 固定资产

固定资产就是企业持有的用于生产或者管理的价格相对较高的、使用周期比较长且一般不以出售为目的的非货币性资产。对固定资产进行分析时,应注意以下几点。

#### 1. 固定资产规模与变动分析

固定资产规模与变动分析主要是分析固定资产原值和净值的变动情况。固定资产原值增减变动主要受当期固定资产增加和当期固定资产减少的影响。引起固定资产增减变动的原因很多,财务分析人员可根据财务报表附注和其他相关资料进行分析。固定资产净值增减变动的原因主要是固定资产原值的变动、累计折旧的变动、固定资产减值准备的变动。财务分析人员可具体分析这三个因素变动对固定资产净值变动的影响。

## 2. 固定资产结构分析

固定资产结构是指固定资产的配置。合理的固定资产配置可以在不增加固定资产资金占用量的同时，提高企业生产能力。固定资产可以按照不同的标准分类。在实务中，通常综合考虑固定资产的经济用途和使用情况，将固定资产分为经营用固定资产、非经营用固定资产、未使用固定资产、不需用固定资产等。由于会计准则规定，企业无须对外披露固定资产使用情况，因此外部分析者无法取得这方面的信息。但企业内部分析人员有必要分析固定资产结构及变动趋势，为企业合理配置固定资产、挖掘固定资产潜力提供依据。固定资产结构分析的内容包括：

（1）经营用固定资产与非经营用固定资产之间比例的变化情况。

（2）经营用固定资产内部结构是否合理。

（3）未使用固定资产、不需用固定资产之间比例的变化情况。

## 3. 固定资产会计政策分析

固定资产会计政策主要是指固定资产折旧、固定资产减值准备计提两个方面。由于固定资产折旧、固定资产减值准备计提两个方面都具有相当的灵活性，具有较大的操纵空间。因此，财务分析人员必须认真分析固定资产会计政策的合理性，评估固定资产账面价值的真实性。

会计准则规定，企业应当根据与固定资产有关的经济利益的预期实现方式，合理选择折旧方法。由于不同的折旧方法会形成不同的成本和利润，企业往往利用折旧方法的选择，来达到调整固定资产净值和利润的目的。财务分析人员应根据企业的具体情况，分析其折旧方法的选择、折旧年限的确定是否符合企业实际。同时还应分析企业折旧政策是否前后一致。折旧方法一经确定，一般不得随意变更。

在分析时，财务分析人员还要关注企业是否按会计准则规定计提了减值准备，计提是否准确。有些企业固定资产实质上已经发生了减值，但企业却不提或少提固定资产减值准备，导致固定资产和利润虚增。企业会计准则规定，固定资产的减值损失不得转回，这在一定程度上避免了上市公司利用资产减值操纵利润；同时，对可收回金额做了明确的界定，这些有利于减少企业的利润操纵。

## （十）在建工程

在建工程是企业进行的与固定资产有关的各项工程，包括固定资产新建工程、改扩建工程、大修理工程等。在建工程占用的资金属于长期资金，但是投入前属于流动资金。如果工程管理出现问题，会使大量的流动资金沉淀，甚至造成企业流动资金周转困难。因此，报表使用者在分析该项目时，应深入了解在建工程的工期长短，及时发现存在的问题。

对在建工程项目的质量分析应注意以下两点：第一，报表附注中包含了企业未来发展项目的情况，可以帮助报表使用者了解企业未来的投资方向及相关项目的推进进度，关注企业是否按照募集资金之初设定的用途来使用安排，避免短期投资炒作。第二，一般情况下，已经达到预定可使用状态但还没有办理竣工决算的在建工程，应当估价入账，转为固定资产，并及时按照规定开始计提折旧，避免虚增利润。

### （十一）无形资产

无形资产是指企业拥有或控制的、无实物形态的、可辨认的非货币资产。在对无形资产进行分析时，应注意以下几点。

**1. 无形资产规模和变动分析**

无形资产虽然没有实物形态，但随着科技进步特别是知识经济时代的到来，对企业生产经营活动的影响越来越大。企业控制的无形资产越多，其可持续发展能力和竞争能力就越强。通过报表及其附注，了解企业无形资产规模和变动情况，判断企业无形资产的培育和创新技术的开发情况并分析其变动的原因。

**2. 无形资产会计政策分析**

（1）无形资产摊销年限的合理性分析。由于无形资产能使企业在较长时间内受益，无形资产摊销年限的长短直接影响无形资产摊销额，进而影响到无形资产的期末余额和当期利润。分析时，财务分析人员应仔细审核无形资产摊销是否符合会计准则的有关规定，有无利用无形资产摊销操纵利润的行为。

（2）无形资产减值准备计提的合理性分析。如果企业无形资产实质上已经发生减值，表明该项无形资产为企业创造价值的能力受到重大不利因素的影响，此时应对该项无形资产计提减值准备。有些企业往往通过少提或不提无形资产减值准备，来达到虚增无形资产账面价值和利润的目的。我们在分析时应予以特别注意。

**3. 无形资产质量分析**

由于无形资产所提供的经济利益具有不确定性，无形资产项目的金额往往不能全面反映企业无形资产的经济价值和潜力。财务分析人员在评价企业资产质量时，如对企业的无形资产状况没有较清楚的了解，对该项目数据的利用就应持谨慎态度。此外，由于无形资产不容易变现的特点，在评价企业长期偿债能力时，对该项目数据也应该持谨慎态度。

### （十二）长期待摊费用

长期待摊费用是指企业已经发生但尚未摊销的，摊销期在1年以上（不含1年）的各种费用，如租入固定资产改良支出、大修理支出以及摊销期在1年以上（不含1年）的其他待摊费用。一般来说，其数额越大，表明未来企业的费用负担越重。分析该项目时，应注意企业是否存在将长期待摊费用作为利润调节器的情况。在当期利润不足的情况下，应将部分本应当期承担的费用资本化为长期待摊费用，或将长期待摊费用挂账延期摊销；而在当期利润较为富裕的情况下，应加大长期待摊费用的摊销力度，为今后经营业绩的保持奠定基础。

## 二、负债项目分析

### （一）短期借款

短期借款是企业向银行或其他金融机构等借入的期限在1年以内（含1年）的各种借款。在企业自由流动资金不足的情况下，企业可以向金融机构举借一定数量的短期借款，以保证生产经营对资金的短期需要。通常来说，短期借款占流动负债总额的比重较大，表明企业有较好的银行信用。

由于短期借款期限较短，企业经营者在借款时，应当充分测算借款到期时企业的现金流量，保证借款到期时企业有足够的现金偿还本息。因此，财务分析人员在对短期借款进行分析时，应关注短期借款的数量是否与流动资产的相关项目相对应，其中有无异常之处，应关注短期借款的偿还时间，预测企业未来的现金流量以及评价企业偿付短期借款的能力。

### （二）应付票据

应付票据是指企业因购买材料、商品或接受劳务供应等而开出的商业汇票，包括银行承兑汇票和商业承兑汇票。应付票据付款时间更具有约束力，如果到期不能支付，不仅会影响企业的信誉和以后的资金筹集，还会受到银行的处罚。因此，在进行报表分析时，报表使用者应当认真分析企业的应付票据，了解应付票据的到期情况，预测企业未来的现金流量以及保证按期偿付应付票据。

### （三）应付账款

应付账款是指企业因购买材料、商品或接受劳务供应等而应付给供货单位的款项。对于企业来说，应付账款属于企业的一种短期资金来源，是企业最常见的、最普遍的流动负债，其付款期限一般为30～60天，而且一般不用支付利息。有的供货单位为刺激客户及时付款还规定了现金折扣。分析人员应关注企业应付账款的发生是否与企业购货行为之间存在比较稳定的关系，是否存在应付账款发生急剧增加以及付款期限拖延的情况。

### （四）预收款项

预收款项是企业根据合同规定向购买单位预收的款项。对于企业来说，预收款项是越多越好。因为预收款项作为企业的一项短期资金来源，在企业发送商品或提供劳务前可以无偿使用，在企业发送商品或提供劳务后立即转为企业的收入。同时也预示着企业的产品销售情况很好，供不应求。进行报表分析时，分析人员应当对预收款项给予足够的重视，因为预收款项一般是按收入的一定比例预交的，通过预收款项的变化可以预测企业未来营业收入的变化。预收款项的分析应关注其实质，即其是否为企业产品的旺销所致，否则应降低对其的评估质量。

## （五）应付职工薪酬

职工薪酬是指职工在职期间和离职后提供给职工的全部货币性薪酬和非货币性薪酬，包括提供给职工本人的薪酬，也包括提供给职工配偶、子女或其他被赡养人的福利等。财务分析人员应当注意企业是否存在少计负债的问题，以及是否利用应付职工薪酬来调节利润，需要关注以下几方面。

（1）企业是否将提供给职工的货币与非货币性福利全部计入了应付职工薪酬，有无少计、漏计的情况。

（2）辞退福利是否有负债。应检查计入应付职工薪酬的部分是否符合确认的条件，企业对其数据的估计是否合理准确。

## （六）应交税费

应交税费是指企业在生产经营过程中产生的应向国家缴纳的各种税费，主要包括增值税、消费税、城市维护建设税和教育费附加等。因为税收种类较多，分析人员在分析时应当了解应交税费的具体内容，分析其形成原因，观察该项目是否已经包括了企业未来期间应交而未交的所有税费，是否存在实质上已经构成纳税义务但企业尚未入账的税费。

## （七）应付股利

应付股利，是指按协议规定应该支付给投资者的利润。由于企业的资金通常由投资者投入，因此企业在生产经营过程中实现的利润在依法纳税后，还必须向投资人分配利润。而这些利润在应付未付之前暂时留在企业内，构成了企业的一项负债。财务分析者在分析此部分时，应重点关注超过一年未支付的应付股利。

## （八）其他应付款

其他应付款是指企业在商品交易业务以外发生的应付和暂收款项。其他应付款的内容包括：应付经营租入固定资产和包装物租金；职工未按时领取的工资；存入保证金（如收入包装物押金等）；应付、暂收所属单位或个人的款项；其他应付、暂收款项。

## （九）长期借款

长期借款是企业从银行或其他金融机构借入的期限在1年以上的款项。财务分析人员应当观察企业长期借款的用途，长期借款的增加与企业长期资产的增加是否相匹配，企业是否将长期借款用于流动资产支出，企业长期借款的数额是否有较大的波动及波动的原因。财务分析人员还应观察企业的盈利能力，因为与短期借款不同，长期借款的本金和利息的支付主要来自企业盈利，所以盈利能力应与长期借款规模相匹配。

### (十) 应付债券

应付债券是企业为筹集长期资金而实际发行的债券及应付的利息。对于企业发行的债券，财务分析人员应当关注债券的有关条款，查看该债券的付息方式是到期一次还本付息，分期付息到期还本还是分期还本付息。如果存在溢折价，应注意企业对于溢折价的摊销和实际利息费用的确认是否准确。另外，财务分析人员应关注债券是否存在可赎回条款以及企业是否具有可用于赎回的资金准备等。

### (十一) 长期应付款

长期应付款是指企业除长期借款和应付债券以外的各种长期应付款项，包括采用补偿贸易方式下引进国外设备应付的价款、融资租入固定资产的租赁费等。

补偿贸易是从国外引进设备，再用设备所生产的产品归还设备价款，这样既销售了产品又偿还了债务。该债务的偿还是非货币性的，所以应当关注企业设备安装是否及时到位，生产能否如期进行和产品的成本能否得到有效的控制等。

在财务分析中，分析人员应当注意企业融资租赁的固定资产是否已经按照企业最初的意愿形成生产能力，其资产收益率能否超过融资租赁的内含报酬率，否则将影响长期应付款的偿还。

## 三、所有者权益项目分析

### (一) 实收资本

实收资本是指所有者在企业注册资本的范围内实际投入的资本，在股份公司中称为股本。所有者可以使用不同形式的资产进行出资，包括货币和非货币资产。实收资本是所有者投入企业的资本，除非发生减资或企业清算，否则将永远留在企业内部。企业的净资产随时间推移而发生的变动很小，甚至数年都不改变，因此相关事项核实比较容易。

财务分析人员应当关注该项目的两个情况：第一，企业在初始成立时，注册资本是否已经到位，如果没有，应查明原因；第二，企业接受的投资如果是非货币资产，应经分析该资产的公允价值是否与投资双方达成的合同金额相符，是否存在资产高估的情况。

### (二) 资本公积

资本公积是企业在经营过程中由于接受捐赠、股本溢价等原因所形成的公积金。资本公积是实收资本的准备项目，一般情况下，该部分金额应不会有太大的或者经常性的变化。

在对资本公积进行分析时，应注意企业是否存在通过资本公积项目来改善财务状况的情况。因此，应注意资本公积项目的数额，如果该项目的数额本期增长过大，应进一步了解资本公积的构成。因为有的企业在不具备法定资产评估条件的情况下，可能通过虚假评估来增加企业的净资产，借此调整企业的资产负债率，蒙骗企业的债权人或潜在的债权人。

### （三）其他综合收益

其他综合收益是指企业在某一期间与所有者之外的其他方面进行交易或发生其他事项所引起的净资产变动。其他综合收益包括净利润和直接计入所有者权益的利得和损失。前者是企业已实现并已确认的收益，后者是企业未实现但根据会计准则的规定已确认的收益。

### （四）留存收益

留存收益是指企业从历年实现的净利润中计提或形成的、留存于企业的内部积累，由盈余公积和未分配利润两部分构成。留存收益是留存在企业的一部分净利润，一方面可以满足企业维持或扩大再生产经营活动的资金需求，保持或提高企业的获利能力；另一方面可以保证企业有足够的资金用于偿还债务，保障债权人的利益。所以，留存收益的增加有利于资本保全、增强企业实力、降低筹资风险和缓解财务压力。留存收益的增减变化及变动金额的多少，取决于企业的盈亏状况和企业的利润分配政策。

---

**素养提升**

**恪守核算底线，遵守职业道德**

獐子岛 2006 年 9 月 A 股上市，于 2010 年 11 月 10 日达到市值高峰 237.67 亿元。2014 年公司对扇贝存货计提了 2.83 亿元存货跌价准备并核销了 7.35 亿元扇贝存货，影响公司利润 10.18 亿元，在 2014 年年底净利润亏损 11.89 亿元，2015 年净利润仍亏损 2.43 亿元。2016 年证监会用北斗导航定位对比公司 27 条捕捞船的数百万条航行定位数据，还原了捕捞船的航行轨迹，推测出獐子岛 2016 年账面记载的捕捞面积比实际捕捞面积减少 13.93 万亩。通过虚减营业成本及减少存货核销的方式，2017 年獐子岛净利润转正，勉强避免退市。但 2018 年 2 月，獐子岛又发出公告披露扇贝大量死亡，计提大量资产减值损失，导致 2017 年年报净利润亏损 7.23 亿元。2019 年公司又发出类似公告计提资产减值损失，导致全年亏损 3.85 亿元。

作为一名会计工作人员，需要重视公司对存货入账时的计量，以及减值准备的计提。减值准备是否提足，是否符合存货的特征是必须要考虑的问题。坚决拒绝通过存货等科目调节利润。

# 学习任务二　利润表项目分析

## 学习情境描述

根据比亚迪（股票代码：002594）的利润表报告，搜集相关的财务数据与非财务信息，完成对比亚迪的利润表的相关项目分析，为公司投资决策提供支持。

## 学习目标

（1）通过查阅资料，能够搜集并整理与利润表相关信息，挖掘背后的非财务信息。

（2）掌握利润表相关项目的分析方法、内容与要点。

（3）能够团队合作完成利润表分析，并完成单项分析报告撰写。

## 任务书

在比亚迪财务部门月度工作例会上，财务总监提到公司总经理要对公司的整体经营情况开展全面的调研，以全面掌握企业的经营状况，财务部将从财务角度提供相关的经营分析报告，为总经理的经营决策提供支持。前期，作为财务分析专员，你已经完成了企业四大财务报表的初步分析，按照工作流程需要对利润表相关的报表项目进行筛选，并深入分析，做出专业的分析报告。

## 获取信息

**引导问题1**：利润表中的营业收入根据企业从事的日常活动在企业中的重要程度，可以划分为_____和_____等。其中，_____是经常性收入，具有持续再生的特点，通过分析它在总收入中的占比，可以看出企业持续经营能力的高低。它的增长速度对企业非常重要，企业的成长从弱到强，离不开_____的不断增加。而如果_____的金额比较大，占比较高时，也需要引起财务分析人员的警惕，有必要对其进行深入分析。

视频：企业利润表的项目分析要点

**引导问题2**：关于营业收入，还需要对其发展趋势进行分析，通过分析企业自身会计数据在不同时期的变化，可以判断企业未来的_____。

**引导问题3**：一般说来，在对企业营业收入进行分析时，应从品种构成、地区构成、客户构成、关联方交易及部门或地区行政手段等方面进行分析。通过产品的品种构成分析营业收入可以发现，企业业绩主要增长点依赖于_____产品。如果企业对某一类产品或者对某一类型产品过度依赖，就会加大_____。分析者可以通过关注与分析_____，分析企业是否有意向开发新产品，调整产品品种结构，以便找出决定企业现在和未来竞争优势的关键性产品，同时结合行业发展趋势与宏观环境，判断企业营业收入的未来发展趋势。

> **小提示**：在对企业营业收入品种结构进行分析的过程中，除了关注其结构与变化，还要注意考察企业现有业务结构与企业战略之间的吻合性。与企业战略关联度低的业务，即使规模较大，也不能认为是符合企业发展的高质量的业务。

**引导问题4**：在进行营业收入地区构成分析时，应主要分析哪些方面？

_____
_____

**引导问题5**：在进行营业收入客户构成分析时，需分析客户的集中程度以确定产品销售的市场化程度与行业竞争力。请简要描述客户集中度与产品市场化程度、企业经营风险及营业收入持续性的关系。

_____
_____

**引导问题6**：部门或地区行政手段如何影响企业的营业收入？

_____
_____

**引导问题7**：影响企业营业成本的因素，有企业不可控的因素，例如市场因素影响产生的价格波动；也有可控因素，如在一定市场价格水平条件下，企业可以通过选择供货渠道、采购批量等来控制成本水平等。因此在进行营业成本分析时，需要找出影响成本升降的原因，为降低成本、促进财务成果增长指明方向。请查阅资料后回答，营业成本分析的三个步骤分别是什么？通过分析能达成怎样的目标？

_____
_____

**引导问题8**：营业成本构成分析主要从主营业务成本与其他业务成本的结构对比进行，通过两者对比分析，可以了解与判断企业的经营方针、方向及效果，进而可以分析预测已销产品的成本构成及变动趋势。请根据表2-2-1分析营业成本的构成情况及变动趋势。

## 表2-2-1 营业成本构成及变动分析

单位：亿元

| 项目 | 2020年 | | 2019年 | |
|---|---|---|---|---|
| | 金额 | 比重/% | 金额 | 比重/% |
| 主营业务成本 | 5 784 034.49 | 99.31 | 5 435 638.53 | 99.23 |
| 其他业务成本 | 40 037.07 | 0.69 | 42 162.28 | 0.77 |
| 营业成本 | 5 824 071.56 | 100 | 5 477 800.81 | 100 |

**引导问题9**：在进行营业成本分析时，还需要特别关注营业成本与期末存货余额之间的相对规模。在制造企业中，若不考虑企业当期在生产、储存和销售过程中可能会发生毁损的情况下，当期的营业成本与期末存货的总和应当＿＿＿＿＿（＞，＝，＜）当期可供出售产品成本的总额（即期初余额加上当期入库的存货总额）。

**引导问题10**：期间费用分为＿＿＿＿、＿＿＿＿、＿＿＿＿等。销售费用是指企业在销售商品和材料、提供劳务的过程中发生的费用。从销售费用的基本构成来看，有的与企业的业务活动规模有关，例如＿＿＿＿＿＿＿＿＿＿等；有的与企业从事销售活动人员的待遇有关，例如＿＿＿＿＿＿＿；有的与企业的未来发展、开拓市场、扩大企业品牌的知名度等有关，如＿＿＿＿＿＿＿＿＿＿等。因此财务分析人员在分析时，应将企业销售费用的增减变动与营业收入、营业利润的变动结合起来，分析这种变动的有效性和合理性。

**引导问题11**：管理费用是指企业行政管理部门为管理和组织企业生产经营活动而发生的各项费用支出，请尽可能多列举出你所了解的应该列支到管理费用项目的支出。

**引导问题12**：研发费用的分析需要结合企业的＿＿＿＿＿＿规模、企业所处行业的技术进步特征、同行业主要竞争对手的研发投入状况及企业毛利率的持续变化等方面来进行。

**引导问题13**：利息费用是指计入特定会计期间的企业资金的筹集和运用中发生的各项利息支出。在2018年年度报告后，上市公司被要求除了列示财务费用外，还要将利息费用与利息收入分别列示。一般情况下，企业贷款利息水平的高低主要取决于＿＿＿＿、＿＿＿＿和

_____三个因素。

**引导问题 14**：营业外收入是指企业获取的与其日常生产经营活动没有直接关系的各种收入；营业外支出是指企业发生的与其日常生产经营活动没有直接关系的各项损失。请结合你的学习谈谈营业外收支对利润的影响。

___

___

___

**引导问题 15**：利润的分析除了需关注利润构成项目，还应重点分析由利润引起的资产负债表、现金流量表相关项目之间的变动是否匹配与适合。从利润给企业带来的结果来看，企业收入的增加，对应资产负债表资产的_____或负债的_____；费用的增加，对应资产的_____或负债的_____。同时，其金额与现金流量表中经营活动现金流量净额大体相当。如果差距巨大，则应该分析其原因。请思考：将利润表的营业收入项目与其他报表中的哪些项目联系起来分析可以对销售回款情况做出初步判断？

___

___

___

___

> **小提示：**
>
> 企业核心利润 = 营业收入 – 营业成本 – 税金及附加 – 期间费用

**引导问题 16**：行业毛利率的平均水平会在一定程度上反映所处行业的基本特征。而企业的毛利是企业营业收入之根本，只有毛利率高的企业才有可能拥有高的净利润。毛利率在一定程度上可以反映企业的持续竞争优势。试分析一下什么原因能够造成企业拥有较高的毛利率。

___

___

___

### 工作实施

搜集比亚迪（股票代码：002594）2018—2020 年的年度报告及其他非财务信息，完成利润表项目分析（表 2-2-2~表 2-2-12）。

比亚迪年报

## 一、营业收入分析

**1. 分析营业收入的变动趋势**

表2-2-2 营业收入变动分析

单位：亿元

| 项目 | 2018年 | | 2019年 | | 差异 | | 2020年 | | 差异 | |
|---|---|---|---|---|---|---|---|---|---|---|
| | 金额 | 比重 | 金额 | 比重 | 金额 | 比率 | 金额 | 比重 | 金额 | 比率 |
| 主营业务收入 | | | | | | | | | | |
| 其他业务收入 | | | | | | | | | | |
| 投资收益 | | | | | | | | | | |
| 营业外收入 | | | | | | | | | | |
| 合计 | | | | | | | | | | |

**分析评价**：比亚迪的收入总额2019年比2018年_____亿元，变动率为_____；2020年比2019年_____亿元，变动率为_____。主营业务收入的变化趋势为2019年比2018年_____亿元，变动率为_____；2020年比2019年_____亿元，变动率为_____。这说明比亚迪公司的主营业务_____，投资收益_____，其他业务收入_____。

**2. 分析营业收入的品种结构及变动趋势**

表2-2-3 营业收入的品种结构及变动趋势分析

单位：亿元

| 产品名称 | 2018年收入额 | 2019年收入额 | 变动额 | 变动率 | 2020年收入额 | 变动额 | 变动率 |
|---|---|---|---|---|---|---|---|
| | | | | | | | |
| | | | | | | | |
| | | | | | | | |
| | | | | | | | |
| | | | | | | | |

**分析评价**：比亚迪2020年主营业务收入中，占比最大的为_____，比重为_____；其次是_____，比重为_____；再次为_____，比重为_____。这说明该公

司的经营业绩_____

_____。

### 3. 分析营业收入的地区结构及变动趋势

**表 2-2-4　营业收入地区结构及变动趋势分析**

单位：亿元

| 地区名称 | 2018 年收入额 | 2019 年收入额 | 变动额 | 变动率 | 2020 年收入额 | 变动额 | 变动率 |
|---|---|---|---|---|---|---|---|
| 国内 |  |  |  |  |  |  |  |
| 国外 |  |  |  |  |  |  |  |
| 合计 |  |  |  |  |  |  |  |

**分析评价**：比亚迪的国内外销售收入的变动趋势为_____，说明公司的主要市场是在_____。国外的销售收入较上期_____，说明公司在海外市场的策略为_____。

### 4. 分析收入的有效性

**表 2-2-5　收入有效性分析**

单位：亿元

| 项目 | 2018 年收入额 | 2019 年收入额 | 变动额 | 变动率 | 2020 年收入额 | 变动额 | 变动率 |
|---|---|---|---|---|---|---|---|
| 坏账损失 |  |  |  |  |  |  |  |
| 应收账款 |  |  |  |  |  |  |  |
| 坏账损失比例 |  |  | — |  |  | — |  |

**分析评价**：坏账损失的变动趋势为_____。从整体来看，坏账损失占应收账款的比重_____，因此，该公司的收入有效性_____。

## 二、营业成本分析

### 1. 分析营业成本构成

**表 2-2-6　营业成本构成分析**

单位：亿元

| 项目 | 2018 年 | | 2019 年 | | 差异 | | 2020 年 | | 差异 | |
|---|---|---|---|---|---|---|---|---|---|---|
|  | 金额 | 比重 | 金额 | 比重 | 金额 | 比率 | 金额 | 比重 | 金额 | 比率 |
| 主营业务成本 |  |  |  |  |  |  |  |  |  |  |

续表

| 项目 | 2018 年 | | 2019 年 | | 差异 | | 2020 年 | | 差异 | |
|---|---|---|---|---|---|---|---|---|---|---|
| | 金额 | 比重 | 金额 | 比重 | 金额 | 比率 | 金额 | 比重 | 金额 | 比率 |
| 其他业务成本 | | | | | | | | | | |
| 合计 | | | | | | | | | | |

**分析评价**：比亚迪营业成本的变动趋势为_____，其中主营业务成本的变动趋势为_____。对比营业收入的变动趋势分析，该公司营业收入的变动与营业成本的变动_____（是/否）匹配，说明公司的收入成本稳定性_____。

**2. 分析营业成本率**

表 2-2-7 营业成本率分析

| 项目 | 2018 年 | 2019 年 | 2020 年 |
|---|---|---|---|
| 营业收入 | | | |
| 营业成本 | | | |
| 营业成本率 | | | |

**分析评价**：比亚迪的营业收入呈_____趋势，营业成本呈_____趋势，营业成本占营业收入的比重呈_____趋势，说明成本效率变化_____。

## 三、期间费用分析

**1. 分析管理费用及研发费用**

表 2-2-8 管理费用及研发费用分析

单位：亿元

| 项目 | 2018 年 | | 2019 年 | | 差异 | | 2020 年 | | 差异 | |
|---|---|---|---|---|---|---|---|---|---|---|
| | 金额 | 比重 | 金额 | 比重 | 金额 | 比率 | 金额 | 比重 | 金额 | 比率 |
| | | | | | | | | | | |
| | | | | | | | | | | |
| | | | | | | | | | | |
| | | | | | | | | | | |

续表

| 项目 | 2018 年 | | 2019 年 | | 差异 | | 2020 年 | | 差异 | |
|---|---|---|---|---|---|---|---|---|---|---|
| | 金额 | 比重 | 金额 | 比重 | 金额 | 比率 | 金额 | 比重 | 金额 | 比率 |
| 管理费用合计 | | | | | | | | | | |
| | | | | | | | | | | |
| | | | | | | | | | | |
| | | | | | | | | | | |
| | | | | | | | | | | |
| 研发费用合计 | | | | | | | | | | |

**分析评价**：从管理费用的构成来看，2019 年比 2018 年 _____，其主要原因是 _____ 等项目的增加；2020 年比 2019 年 _____，其主要原因是 _____ 等项目的增加。从研发费用的构成来看，2019 年比 2018 年 _____，其主要原因是 _____ 等项目的增加；2020 年比 2019 年 _____，其主要原因是 _____ 等项目的增加。

**2. 分析销售费用**

表 2-2-9　销售费用分析

单位：亿元

| 项目 | 2018 年 | | 2019 年 | | 差异 | | 2020 年 | | 差异 | |
|---|---|---|---|---|---|---|---|---|---|---|
| | 金额 | 比重 | 金额 | 比重 | 金额 | 比率 | 金额 | 比重 | 金额 | 比率 |
| | | | | | | | | | | |
| | | | | | | | | | | |
| | | | | | | | | | | |
| | | | | | | | | | | |
| | | | | | | | | | | |
| | | | | | | | | | | |
| 合计 | | | | | | | | | | |

**分析评价**：从销售费用的构成来看，2019 年比 2018 年 _____，其主要原因是 _____ 等项目的增加；2020 年比 2019 年 _____，其主要原因是 _____

等项目的增加。

### 3. 分析财务费用

**表2-2-10 财务费用分析**

单位：亿元

| 项目 | 2018年 | | 2019年 | | 差异 | | 2020年 | | 差异 | |
|---|---|---|---|---|---|---|---|---|---|---|
| | 金额 | 比重 | 金额 | 比重 | 金额 | 比率 | 金额 | 比重 | 金额 | 比率 |
| 利息支出 | | | | | | | | | | |
| 利息收入 | | | | | | | | | | |
| 利息资本化金额 | | | | | | | | | | |
| 汇兑损失（减收益） | | | | | | | | | | |
| 其他 | | | | | | | | | | |
| 合计 | | | | | | | | | | |

**分析评价**：从财务费用的构成来看，利息支出所占比重连续三年为_____，汇兑损失所占比重连续三年为_____。财务费用变化趋势从总体来看是_____，其主要原因是_____。

## 四、投资收益分析

**表2-2-11 投资收益分析**

单位：亿元

| 项目 | 2018年 | | 2019年 | | 差异 | | 2020年 | | 差异 | |
|---|---|---|---|---|---|---|---|---|---|---|
| | 金额 | 比重 | 金额 | 比重 | 金额 | 比率 | 金额 | 比重 | 金额 | 比率 |
| | | | | | | | | | | |
| | | | | | | | | | | |
| | | | | | | | | | | |
| | | | | | | | | | | |
| | | | | | | | | | | |
| 合计 | | | | | | | | | | |

**分析评价**：权益法核算的长期股权投资收益呈_____趋势，投资收益总体呈_____ _____趋势，其主要原因是_____。

## 五、利润分析

表 2-2-12　利润分析

单位：亿元

| 项目 | 2018 年 | 2019 年 | 2020 年 |
|---|---|---|---|
| 营业收入 | | | |
| 营业成本 | | | |
| 营业毛利 | | | |
| 营业毛利率 | | | |
| 变动比率 | | | |

**分析评价**：比亚迪的营业毛利总体来看呈_____趋势，营业毛利率总体处于_____ _____水平，说明该企业_____。

## 学习情境的相关知识点

## 一、营业收入分析

营业收入是指企业在销售商品、提供劳务及他人使用本企业资产等日常活动中形成的经济利益的总流入。高质量的营业收入应该既表现为有充足的现金回款，又表现出持续的增长态势，以彰显企业在行业中的市场占有率和核心竞争力。营业收入作为企业获取利润的主要来源，其质量会在一定程度上决定企业的利润质量。因此，营业收入项目分析是利润质量分析的基础。

### （一）营业收入的品种构成分析

为分散经营风险，企业大多会选择从事多种产品或劳务的经营活动。在从事多品种经营的情况下，掌握企业营业收入的具体构成情况对信息使用者来说十分重要：占总收入比重大的产品是企业目前业绩的主要增长点，而企业销售产品结构的变化往往会传递出企业市场环境的变化、经营战略的调整、竞争优势的变化等信息。财务分析人员可以通过对体现企业主要业绩的产品的未来发展趋势进行分析，来初步判断企业业绩的持续性。需要指出的是，如果企业对某一种产品或者某一类产品过度依赖，就会对某些外界环境变化因素异常敏感，这会加大企业的经营风险。分析中对这样的企业所处的经营环境应尤为关注。在对企业营业收入的品种构成进行分析的过程中，需要强调的是，除了关注其结构与变化，还要注重考察企业现有业务结构与企业战略之间的吻合性。与企业战略关联度低的业务规模即使较大，也不能认为是符合企业发展战略的高质量的业务。

### （二）营业收入的地区构成分析

从消费者的心理与行为表现来看，不同地区的消费者对不同品牌的产品具有不同的偏好，占总收入比重大的地区是企业过去业绩的主要增长点。分析不同地区的消费偏好和消费习惯的变化趋势，研究企业产品在不同地区的市场潜力，有助于预测企业业绩的持续性和未来发展趋势。

具体地说，在分析中要考虑以下几个方面：第一，要分析地区的经济发展后劲与企业业务发展前景的关系，考虑地区的经济总量、经济结构的调整对企业未来市场的影响。第二，要分析地区的政治经济环境。若特定地区政治经济环境的不确定因素比较多，如行政领导人的更迭、特定地区经济政策的调整等，一般会对企业原有的发展惯性产生较大的影响。第三，要分析国际政治经济环境的变化。如过去几年战争导致某些地区动荡，金融危机导致某些地区的发展停滞，低碳经济对企业所在地区和行业产生影响等。

### （三）营业收入的客户构成分析

一般情况下，若其他条件相同，企业的销售客户越分散、集中率越低，说明企业产品销售的市场化程度越高，行业竞争力越强，营业收入的持续性就会越好。同时，企业的销售客户越分散，销售回款因个别客户的坏账所产生的波动会越小，营业收入的回款质量也就越有保障。

### （四）关联方交易对营业收入的影响分析

在集团化经营的情况下，集团内各企业之间有可能发生关联方交易。虽然关联方之间的交易也有企业间正常交易的成分，但由于关联方之间的特殊利益关系，它们有可能为了"包装"某个企业的业绩而人为制造一些业务。财务分析人员必须关注关联交易形成的营业收入在交易价格、交易实现时间等方面是否存在非市场化因素，考察企业业绩的真实性和市场化能力。一般来说，在相同的市场环境下，参与竞争的各方最终会实现优胜劣汰，只有靠市场获得持续发展的企业才具有核心竞争力。

## 二、营业成本分析

营业成本是指与营业收入相关的已经确定了归属期和归属对象的成本。在不同类型的企业里，营业成本有不同的表现形式。在制造业或工业企业里，营业成本表现为已销产品的生产成本；在商品流通企业里，营业成本表现为已销商品的购进成本；而在服务类企业里，营业成本则表现为所提供劳务的服务成本。

在此，需要解释一下营业成本和营业总成本的区别：营业成本包括产品和服务的直接成本，而营业总成本包括经营活动中产品和服务的直接成本以及发生的其他成本费用。

影响企业的营业成本的因素，既有企业不可控的因素（如受市场因素的影响而产生的价格波动），也有企业可以控制的因素（如在一定的市场价格水平条件下，企业可以通过选择供货渠道、采购批量等来控制成本水平），还有企业会计核算对营业成本的人为处理因素。因此，对营业成本的质量评价应综合考虑多种因素。一般地，在分析中至少应关注以下几个方面。

（1）营业成本的计算是否真实？会计核算方法（如存货计价方法、固定资产折旧方法等）的选择是否恰当、稳健？当期有无发生变更？其变更是否对营业成本产生较大影响？

（2）营业成本是否存在异常波动？导致其异常波动的因素可能有哪些？哪些是可控因素？哪些是不可控因素？哪些是暂时性因素？哪些是对企业长期发展造成影响的因素？它的影响程度如何？

（3）关联方交易及地方或部门行政手段对企业"低营业成本"所做出的贡献如何？其持续性如何？

需要强调的是，对营业成本与期末存货余额之间相对规模的异常波动应格外关注。以制造企业为例，在不考虑企业当期在生产、储存和销售过程中可能会发生毁损的情况下，当期的营业成本和期末存货的加总应该等于当期可供出售产品成本的总额（即期初余额加上当期入库的存货总额）。

## 三、期间费用的分析

### （一）销售费用分析

销售费用是指企业在销售商品和材料、提供劳务的过程中发生的费用。从销售费用的基本构成来看，有的与企业的业务活动规模有关，如运输费、装卸费、整理费、包装费、保险费、销售佣金、差旅费、展览费、委托代销手续费、检验费等；有的与企业从事销售活动人员的待遇有关，如营销人员的薪酬；有的与企业的未来发展、开拓市场、扩大企业品牌的知名度等有关，如广告费、促销费。从企业管理层对上述费用的有效控制来看，尽管管理层可以对诸如广告费、营销人员的薪酬等项目的理财区采取控制措施来降低其规模，但是这种做法要么对企业的长期发展不利，要么会影响有关员工的工作积极性。

### （二）管理费用分析

管理费用是指企业行政管理部门为管理和组织企业生产经营活动而发生的各项费用支出。管理费用的项目比较庞杂，对其进行质量分析的难度较大。总体而言，有些项目的支出规模与企业规模有关，对其实施有效控制可以促进企业管理效率提高；而对有些项目（如企业研发费、职工教育经费等）的控制或压缩反而会对企业的长远发展产生不利影响，不宜盲目降低其规模。一般情况下，在企业的规模、组织结构、管理方式等方面变化不大的情况下，企业的管理费用规模也不会有太大变化。

### （三）研发费用分析

研发费用是指企业对与研发相关、直接作为费用计入利润表的相关资源的消耗，包括研发人员人工费用、研发过程中直接投入的各项费用、与研发有关的固定资产折旧费、无形资产摊销费以及新产品设计费等。

由于企业所处的竞争环境以及企业自身经营特点的复杂性，一般难以根据研发费用的规模来判断企业的未来竞争力。但是，研发费用的恰当性分析可以结合企业的营业收入规模、企业所处行业的技术进步特征、同行业主要竞争对手的研发投入状况以及企业营业收入和毛利率的持续变化等方面来进行。

### （四）利息费用分析

利息费用指计入特定会计期间的企业资金的筹集和运用中发生的各项利息支出。在利润表中，2017年年度报告以前，利息费用与利息收入一起在"财务费用"项目反映。2018年年度报告后，上市公司被要求除了列示财务费用外，还要将利息费用与利息收入分别列示。

一般情况下，企业贷款利息水平的高低主要取决于三个因素：贷款规模、贷款利息率和贷款期限。企业贷款规模的降低会导致利息费用下降，增加企业的当期利润。财务分析人员应关注贷款规模是否与企业的经营战略相适应，是否与企业未来的资金需求相适应。从企业融资的角度来看，贷款利息率的具体水平取决于一定时期资本市场的供求关系、贷款规模、贷款的担保条件以及贷款企业的信誉等。

## 四、资产减值损失分析

资产减值损失是指企业计提各种资产减值准备所形成的损失。按照现行会计准则的要求，企业应遵循谨慎性原则，于每个会计期末对其资产进行减值测试，对出现减值迹象（即公允价值低于以历史成本为基础的账面价值）的资产要计提减值准备，并相应确认资产减值损失情况。在谨慎性原则下，需要选择账面价值与公允价值中较低的一个作为资产价值的披露标准。

## 五、公允价值变动收益分析

公允价值变动收益是指以公允价值计量且其变动计入当期损益的金融资产、投资性房地产等项目的公允价值变动所形成的计入当期损益的利得（或损失）。按照现行会计准则的要求，以公允价值计量且其变动计入当期损益的金融资产、投资性房地产等项目在资产负债表上应按照公允价值（即市场价格）列示，当这些资产的期末公允价值高于（或低于）其账面价值时，差额需要确认为公允价值变动收益（或损失）。

## 六、投资收益分析

投资收益是指企业对外投资所取得的收益（或发生的损失）。一般而言，投资收益是由企业拥有或控制的投资性资产所带来的收益。投资企业对合营企业和联营企业的长期股权投资（持股比例一般为 20%～50%）在持有期间需要采用权益法，将被投资企业所实现的净利润（或者发生的净亏损）的相应份额（按照其持股比例）确认为投资收益；投资企业对其子公司的长期股权投资（持股比例一般在 50% 以上）在持有期间则需要采用成本法，将子公司所宣告分派的现金股利按照其持股比例确认为投资收益。处置该项长期股权投资时，其售价与账面价值之间的差额确认为投资收益。

## 七、营业外收支分析

营业外收入是指企业获取的与其日常生产经营活动没有直接关系的各种收入，主要包括非货币性资产交换利得、债务重组利得、企业合并损益、盘盈利得、因债权人原因确实无法支付的应付款项、教育费附加返还款、罚款收入、捐赠利得等。营业外支出则是指企业发生的与其日常生产经营活动没有直接关系的各项损失，主要包括盘亏损失、非常损失、罚款支出、公益性捐赠支出等。

营业外支出通常不会带来任何经济利益，实际上是一种纯粹的"意外"损失。因此，它和营业外收入之间不会像营业收入和营业成本那样存在配比关系，甚至可以说它们之间一点关系都没有。

## 八、利润分析

### （一）利润成长性分析

企业毛利是企业运营收入之根本。只有毛利率高的企业才有可能拥有高的净利润。毛利率在一定程度上可以反映企业的持续竞争优势如何。如果企业具有持续的竞争优势，其毛利率就处在较高的水平，企业就可以对其产品或服务自由定价，甚至让售价远远高于其产品或服务本身的成本；如果企业缺乏持续竞争优势，其毛利率就处于较低的水平。

如果一个企业的毛利率在 40% 以上，则该企业通常具有某种持续竞争优势；毛利率在 40% 以下，则其处于高度竞争的行业。如果某一个行业的平均毛利率低于 20%，那么该行业一定存在着过度竞争。

### （二）利润含金量分析

利润的分析除了需关注利润构成项目，还应重点分析利润引起的资产负债表、现金流量表相关项目的变动是否匹配与适合。从利润给企业带来的结果来看，企业收入的增加，对应资产负债表资产的增加或负债的减少；费用的增加，对应资产的减少或负债的增加。同时，企业核心利润还需和现金流量表中的经营活动产生的现金流量净额进行比较。在稳定发展条件下，企业核心利润在剔除掉固定资产折旧、无形资产摊销以及利息费用等与投资活动相关的项目的影响后，再减除掉所得税费用，其金额与现金流量表中经营活动现金流量净额大体相当。如果差距巨大，则应该分析其原因。可能的原因主要有以下几种。

（1）企业收款不正常减少，导致回款不足，从而引起现金流量表中经营活动产生的现金流量净额恶化。比较一下企业利润表中两年的营业收入、资产负债表年末与年初商业债权（应收账款与应收票据之和）的规模变化、资产负债表年末与年初商业负债（应付账款与应付票据之和）的规模变化，以及现金流量表中两年的销售回款情况，就可对企业的销售回款是否基本正常做出初步判断。

（2）企业付款不正常增加，导致现金流量表中经营活动产生的现金流量净额下降。如由于企业商业信用下降、行业竞争加剧等原因，导致现金流量表中经营活动产生的现金流量净额下降等重大变化。当然，现实中也存在一些不正常的采购行为，如有些制造企业在原材料成本相对较低的时期购入超过当期消耗量的原材料进行储备，有些房地产企业在预测今后房价继续上涨的情况下大量囤地，等等。

（3）企业存在不恰当的资金运作行为。如某些企业支付"其他与经营活动有关的现金"巨大，"其他"活动成了主流活动。

（4）企业在经营活动的收款和付款方面主要与关联方发生业务往来的情况下。企业与关联方之间的业务往来，不论是在核心利润的各个要素（如营业收入、营业成本、销售费用、管理费用等）的确认上，还是在各项经营活动的现金流量的流出规模与时间控制上，均具有较强的可操纵性。

### （三）利润表数据异常情况分析

（1）营业收入增幅低于应收账款增幅，且营业收入和净利润与经营性现金流量相背离。

在企业销售产品的过程中，一般都会产生应收账款。正常情况下，应收账款的变化幅度应与营业收入的变化相一致。如果应收账款增长速度高于营业收入，可能意味着：

第一，企业放宽信用条件以刺激销售。

第二，企业人为通过"应收账款"科目虚构营业收入。从理论上来说，虽然随着应收账款迅速增加和销售回款速度下降，经营性现金流量自然会随之下降，但是，如果经营性现金流量净额的增长速度长期显著低于净利润，甚至为负数，且应收账款的增速一直居高不下，就需引起注意，这极有可能是因为企业虚构营业收入而非放宽信用条件。

（2）营业利润大幅增加的同时，营业成本、销售费用等增幅很小。

企业正常经营产生营业收入时不可避免要产生营业成本和销售费用，这两项费用一般与营业收入的增长率是保持一致的。如果当期营业利润出现了大幅增加，而营业成本、销售费用等没有变化或变化很小，则有三种可能。

第一，相关的销售并不存在。

第二，企业为优化当年盈利水平，已将当期应计费用调至上一个会计年度。

第三，企业刻意调减当期应计费用来提高营业利润。例如，将应作为期间费用的无形资产研究费用资本化为在建工程或计入长期待摊费用等。

（3）公司应缴增值税、税金及附加和所得税费用异常低，与收入和利润增长幅度不匹配。

企业所得税一般由企业利润乘以税率所决定，如果企业利润较高，但是所得税税额却低于应有的水平，说明所得税费用与净利润差异较大，在没有免税条款的情况下，很可能是报表舞弊的预警信号。同样，企业应缴增值税税额应与销售商品增值额、税金及其附加和提供应税劳务价值等相对应。如果应缴增值税税额偏低，可能意味着营业收入被虚构。此外，如果应税额与净利润差异较大，可能是因为企业偷税漏税或虚构收入。

案例：财务造假需严惩（来源：央视网焦点访谈）

### 素养提升

财务分析人员在职业工作中需具备诚实守信、严谨细致的品质，以及辨别真伪的职业判断能力。常见的利润操纵手段有：寅吃卯粮，透支未来收入；鱼目混珠，伪装收入性质；借鸡生蛋，夸大收入规模；瞒天过海，虚构经营收入；里应外合，相互抬高收入；六亲不认，隐瞒关联收入等。请阅读以下案例，并分析分别属于哪种利润操纵手段。

2003年，证监会曾对天津磁卡2000年、2001年年报财务造假进行处罚。经证监会稽查，天津磁卡（600800）2000年年报虚增利润6 370万元。且看这笔不小数目的利润，是通过何种途径实现的。第一，其控股子公司海南海卡有限公司（以下简称"海卡公司"）将委托他人开发的两项POS机技术协议转让给另外三家公司，收取技术转让费5 500万元，扣除委托开发成本230万元，形成营业毛利5 270万元。经查，海卡公司在尚未享有POS机技术完全使用权和转让权的情况下，向三公司转让使用权，并将所收取的费用确认为收入，提前确认收入5 500万元，提前确认成本230万元，虚增利润5 270万元。第二，公司与吉林天洁天然气开发有限公司（以下简称"吉林天洁"）签订合同书，向吉林天洁提供价值1 200万元的计算机硬件设施和价值1 100万元的软件系统、技术资料和技术服务。至年末，公司将吉林天洁支付的1 100万元作为软件系统及技术服务收入计入当期主营业务收入。经查，截至审计报告日，该合同硬件部分尚未履行，天津磁卡在合同尚未履行完毕的情况下，将1 100万元确认为收入，属于提前确认收入，形成等额虚增利润。

# 学习任务三　现金流量表项目分析

## 学习情境描述

根据比亚迪（股票代码：002594）的现金流量表报告，搜集相关的财务数据与非财务信息，完成对比亚迪的现金流量表的初步分析，为公司投资决策提供支持。

## 学习目标

（1）通过查阅资料，能够搜集并整理与现金流量表相关信息，挖掘背后的非财务信息。

（2）掌握现金流量表相关项目的分析方法、内容与要点。

（3）能够团队合作完成现金流量表分析，并完成单项分析报告撰写。

## 任务书

在比亚迪财务部门月度工作例会上，财务总监提到公司总经理要对公司的整体经营情况开展全面的调研，以全面掌握企业的经营状况，财务部将从财务角度提供相关的经营分析报告，为总经理的经营决策提供支持。前期，作为财务分析专员，你已经完成了企业四大财务报表的初步分析，按照工作流程需要对现金流量表相关的报表项目进行筛选，并进行深入分析，并做出专业的分析报告。

## 获取信息

**引导问题1**：现金流量表是以现金为基础编制的，反映企业一定会计期间内_____、_____和_____等对现金及现金等价物产生的影响的会计报表。通俗地说，就是关于企业现金流出和流入的信息表。

视频：企业现金流量表的项目分析要点

**引导问题2**：经营活动产生的现金流量也被称为是企业的_____功能，代表企业运用其经济资源创造现金流量的能力，便于报表使用者分析一定期间内产生的净利润与经营活动产生现金流量的差异。

**引导问题3**：请分析以下4种经营活动现金流量净额情况各代表着企业目前的什么发展状况。（非现金消耗性成本主要是指本期减值准备、折旧、无形资产、递延资产摊销、长期待摊费用等。）

（1）0＜非现金消耗性成本＜经营活动现金流量净额。

_____

_____

（2）0≤经营活动现金流量净额＝非现金消耗性成本。

_____

_____

（3）0＜经营活动现金流量净额＜非现金消耗性成本。

（4）经营活动现金流量净额＜0＜非现金消耗性成本。

**引导问题4**：投资活动产生的现金流量也被称为是企业的_____功能，代表企业运用资金产生现金流量的能力。

**引导问题5**：请分析以下两种投资活动现金流量净额情况各代表着企业目前的什么发展状况。

（1）0＜投资活动现金流量净额。

（2）0＞投资活动现金流量净额。

**引导问题6**：筹资活动产生的现金流量也被称为是企业的_____功能，代表企业筹资获得现金的能力。

**引导问题7**：请分析以下两种筹资活动现金流量净额情况各代表着企业目前的什么发展状况。

（1）筹资活动现金流量净额＞0。

（2）筹资活动现金流量净额＜0。

## 工作实施

搜集比亚迪（股票代码：002594）2018—2020年的年度报告及其他非财务信息，仔细研读现金流量表相关内容，完成现金流量表分析（表2-3-1～表2-3-3）。

比亚迪年报

## 一、经营活动产生的现金流量项目分析

**表 2-3-1　经营活动现金流量项目分析**

| 项目 | 2020 年 | 2019 年 | 2018 年 |
|---|---|---|---|
| 经营活动产生的现金流量 | | | |
| 　　销售商品、提供劳务收到的现金 | | | |
| 　　收到的税费返还 | | | |
| 　　收到其他与经营活动有关的现金 | | | |
| 　　　经营活动现金流入小计 | | | |
| 　　购买商品、接受劳务支付的现金 | | | |
| 　　支付给职工以及为职工支付的现金 | | | |
| 　　支付的各项税费 | | | |
| 　　支付其他与经营活动有关的现金 | | | |
| 　　　经营活动现金流出小计 | | | |
| 　　经营活动产生的现金流量净额 | | | |

**分析评价**：比亚迪 2020 年、2019 年、2018 年经营活动现金流量净额都 _____（＞，＝，＜）0，意味着企业生产经营情况 _____，具备 _____ 的"自我造血"功能。其中，销售商品、提供劳务收到的现金流量呈 _____ 趋势，说明 _____；收到的税费返还呈 _____ 趋势，说明 _____；收到其他与经营活动有关的现金呈 _____ 趋势，说明 _____；购买商品、接受劳务支付的现金流量呈 _____ 趋势，说明 _____；支付给职工以及为职工支付的现金呈 _____ 趋势，说明 _____；支付的各项税费呈 _____ 趋势，说明 _____；支付其他与经营活动有关的现金呈 _____ 趋势，说明 _____。

## 二、投资活动产生的现金流量项目分析

**表 2-3-2　投资活动中现金流量项目分析**

| 项目 | 2020 年 | 2019 年 | 2018 年 |
|---|---|---|---|
| 投资活动产生的现金流量 | | | |
| 　　收回投资收到的现金 | | | |
| 　　取得投资收益收到的现金 | | | |

续表

| 项目 | 2020 年 | 2019 年 | 2018 年 |
|---|---|---|---|
| 处置固定资产、无形资产和其他长期资产收回的现金净额 | | | |
| 处置子公司及其他营业单位收到的现金净额 | | | |
| 收到的其他与投资活动有关的现金 | | | |
| 投资活动现金流入的其他项目 | | | |
| 　　投资活动现金流入小计 | | | |
| 购建固定资产、无形资产和其他长期资产支付的现金 | | | |
| 投资支付的现金 | | | |
| 取得子公司及其营业单位支付的现金净额 | | | |
| 支付其他与投资活动有关的现金 | | | |
| 　　投资活动现金流出小计 | | | |
| 投资活动产生的现金流量净额 | | | |

**分析评价**：比亚迪 2020 年、2019 年、2018 年投资活动现金流量净额都_____（＞，＝，＜）0，说明企业投资活动的流入_____（＞，＝，＜）流出，处于_____期，应持续关注_____。其中，收回投资收到的现金流量呈_____趋势，说明_____；取得投资收益收到的现金呈_____趋势，说明_____；处置固定资产、无形资产和其他长期资产收回的现金净额呈_____趋势，说明_____；处置子公司及其他营业单位收到的现金净额呈_____趋势，说明_____；购建固定资产、无形资产和其他长期资产支付的现金呈_____趋势，说明_____；投资支付的现金呈_____趋势，说明_____；取得子公司及其营业单位支付的现金净额呈_____趋势，说明_____。

## 三、筹资活动产生的现金流量项目分析

**表 2-3-3　筹资活动中现金流量分析**

| 项目 | 2020 年 | 2019 年 | 2018 年 |
|---|---|---|---|
| 筹资活动产生的现金流量 | | | |
| 吸收投资收到的现金 | | | |
| 取得借款收到的现金 | | | |

续表

| 项目 | 2020 年 | 2019 年 | 2018 年 |
|---|---|---|---|
| 发行债券收到的现金 | | | |
| 收到的其他与筹资活动有关的现金 | | | |
| 筹资活动现金流入的其他项目 | | | |
| 　筹资活动现金流入小计 | | | |
| 偿还债务所支付的现金 | | | |
| 分配股利、利润或偿付利息支付的现金 | | | |
| 支付的其他与筹资活动有关的现金 | | | |
| 筹资活动现金流出的其他项目 | | | |
| 　筹资活动现金流出小计 | | | |
| 筹资活动产生的现金流量净额 | | | |

**分析评价**：比亚迪 2020 年筹资活动现金流量净额_____（＞，＝，＜）0，说明企业筹资活动现金流入_____（＞，＝，＜）流出，主要是因为_____，说明企业经营活动与投资活动_____；2019 年、2018 年筹资活动现金流量净额_____（＞，＝，＜）0，说明企业筹资活动现金流入_____（＞，＝，＜）流出，主要是因为_____，说明企业经营活动与投资活动_____。其中，吸收投资收到的现金呈_____趋势，说明_____；取得借款收到的现金呈_____趋势，说明_____；偿还债务所支付的现金呈_____趋势，说明_____；分配股利、利润或偿付利息支付的现金呈_____趋势，说明_____；支付的其他与筹资活动有关的现金呈_____趋势，说明_____。

## 学习情境的相关知识点

# 一、经营活动现金流量分析——"造血功能"

## （一）销售商品、提供劳务收到的现金（流入）

本项目反映企业本期销售商品、提供劳务收到的现金，以及前期销售商品、提供劳务本期收到的现金（包括销售收入和应向购货方收取的增值税销项税）和本期预收的款项，扣除本期销售退回的商品和前期销售本期退回的商品支付的现金。企业销售材料和代购代销业务收到的现金，也在本项目反映。

本项目是企业现金产生的源泉，数额不仅取决于当期销售商品、提供劳务取得的收入数额，还取决于企业的信用政策，具有很强的持续性，财务分析人员应予以重点关注。

### （二）收到的税费返还（流入）

本项目体现了企业在税收方面享受优惠政策所获得的已缴税金回流金额。财务分析人员应关注在未来可持续的时间企业享受的税收优惠，以及具体哪些税收项目可以享受优惠。

### （三）收到的其他与经营活动有关的现金（流入）

本项目反映企业收到的罚款收入、经营租赁收到的租金等其他与经营活动有关的现金流入，金额较大的应单独列示。本项目具有一定的偶然性，分析时不应过多关注。

### （四）购买商品、接受劳务支付的现金（流出）

本项目反映企业本期购买商品、接受劳务实际支付的现金，包括增值税进项税额，本期支付前期购买商品、接受劳务的未付款项和本期预付款项，扣除本期发生购货退回收到的现金。

### （五）支付给职工以及为职工支付的现金（流出）

本项目反映企业本期实际支付给职工的工资、奖金、各种津贴和补贴等职工薪酬，但是应由在建工程、无形资产负担的职工薪酬以及支付给离退休人员的职工薪酬除外。

### （六）支付的各项税费（流出）

本项目反映企业本期发生并支付的、本期支付以前各期发生的以及预交的增值税、消费税、所得税、教育费附加、矿产资源补偿费、印花税、房产税、土地增值税和车船税等。

通过本项目，财务分析人员可以得到企业真实税负状况。

### （七）支付的其他与经营活动有关的现金（流出）

本项目反映企业支付的罚款支出、差旅费、业务招待费、保险费和经营租赁支付的现金等其他与经营活动有关的现金流出，金额较大的应当单独列示。

经营活动产生现金流量相当于企业的"造血功能"，即不依赖于股东注资、银行贷款或者变卖非流动资产，企业通过具有核心竞争力的主营业务就能够独立自主地创造企业生存和发展所需的现金流量。如果经营性现金流入显著大于现金流出，则表明企业"造血功能"较强，对股东和银行的依赖性较低；反之，如果经营性现金流量入不敷出（现金流出大于现金流入）且金额较大，则表明企业的"造血功能"衰弱，对股东和银行的依赖性较高。

### （八）经营活动现金流量分析总结（表2-3-4）

**表2-3-4  经营活动现金流量分析总结**

| 项目 | 评价 |
| --- | --- |
| 0＜非现金消耗性成本＜经营活动现金流量净额 | 经营良好，可以支撑扩大再生产 |
| 0≤经营活动现金流量净额＝非现金消耗性成本 | 勉强支撑简单再生产 |

续表

| 项目 | 评价 |
| --- | --- |
| 0＜经营活动现金流量净额＜非现金消耗性成本 | 长期来看难以支撑简单再生产 |
| 经营活动现金流量净额＜0＜非现金消耗性成本 | 经营困难 |

说明：非现金消耗性成本主要是指本期减值准备、折旧、无形资产、递延资产摊销、长期待摊费用等。

### 1. 经营活动现金流量净额大于零

企业经营活动现金流量净额大于零意味着企业生产经营比较正常，具有"自我造血"的功能。如果经营活动产生的现金流量净额大于零，但不足以补偿当期的非现付成本且这种状态会持续下去，从长远来看，企业经营活动产生的现金流量仍然不可维持经营活动货币的简单再生产。如果经营活动产生的现金流量净额大于零并刚好够补偿当期的非现付成本，则企业能在现金流转上维持简单再生产，但不能为企业发展提供资金来源；如果企业当期经营活动现金流量净额在补偿当期发生的非付现成本后仍有剩余，说明企业处于经营活动现金流量运行的良好状态。这种状态下，企业赊销活动带来的现金流量，不仅能弥补经营活动中的付现成本和非付现成本，而且还有能力为企业的投资活动提供现金流量的支持。如果这种状态持续，将对企业经营活动的发展、投资规模的扩大起到重要的积极作用。

### 2. 经营活动现金流量净额等于零

这种情况是指企业通过正常的赊销活动带来的现金流入量刚好能弥补经营活动引起的现金流出量，现金流处于平衡状态。由于企业的成本包括付现成本和非付现成本，当经营活动产生的现金流量净额等于零时，企业经营活动产生的现金流量就不能为非付现成本提供货币补偿。在这种情况下，从短期现金周转分析，企业只能支付日常开支，经营风险一旦加大或者当资产消耗到一定程度，那么企业将面临严重的财务危机。从企业长期现金流转分析，经营活动产生的现金流量净额等于零不可维持企业经营活动的货币"简单再生产"。所以，企业如果在正常生产经营期间持续出现这种状况，其经营活动的现金流量状况会变得越来越差。

### 3. 经营活动现金流量净额小于零

这意味着企业经营过程中的现金流转存在问题，经营"入不敷出"，这是最糟糕的情况。这种情况，企业不仅不能长期发展，甚至难以在短期内进行简单再生产，这意味着企业通过正常的赊销活动带来的现金流入量不足以支付因经营活动引起的货币流出。企业在成长阶段，生产阶段的各个环节尚不完善，同时为了开拓市场，投入了大量资金，采取各种手段将自己的产品推向市场，从而有可能使企业在这一时期的经营活动现金流量净额小于零，这是不可避免的正常现象。但是，如果企业在正常生产经营期间仍然持续这种情况，企业必须采用一定的手段筹措资金,为短期资金周转补充现金,而此时企业的筹资是相当困难的。经营活动现金流量的不足,可以通过以下方法解决:消耗企业现存的货币积累;挤占本来可以用于投资活动的现金,推迟投资活动的进行;继续额外贷款融资;延迟债务支付或者加大经营活动引起的负债规模。

## 二、投资活动现金流量分析——"放血功能"

### (一)收回投资收到的现金(流入,对外投资萎缩)

本项目反映企业出售、转让或到期收回除现金等价物外的交易性金融资产、长期股权投资而收到的现金,以及收回持有至到期投资本金而收到的现金,但持有至到期投资收回的利息除外。

### (二)取得投资收益收到的现金(流入,特别要注意)

本项目反映企业分得的现金股利、分回利润和通过现金利息收入而收到的现金,但股票股利除外。

### (三)处置固定资产、无形资产和其他长期资产收到的现金净额(流入,对内投资萎缩)

财务分析人员应关注企业处置这些长期资产的目的,以及这些资产在企业总体经营活动中的地位和作用。如果企业处置的是正在使用的固定资产或无形资产,应判断企业是因为调整未来经营方向而缩减当前规模、准备转产,还是因为企业当前遇到了现金流危机而需要变现部分长期资产来应急。

### (四)处置子公司及其他营业单位收到的现金净额(流入,对外投资萎缩)

财务分析人员应关注处置子公司的目的,并确定这种行为对企业的长远影响。

### (五)购建固定资产、无形资产和其他长期资产支付的现金(流出,对内投资扩张)

分析人员应注意到为建造固定资产而发生的借款利息资本化部分,融资租入固定资产所支付的租赁费除外。本项目金额增大表示企业对经营规模或者经营方向进行了调整,这对企业未来期间的利润和经营现金流量都会造成影响。处于不同经营周期的企业在本项目上发生的金额不同,一般处于初创期和成长期的企业投资较多,本项目发生金额较大;而在衰退期的企业很少投资,甚至会卖出长期资产以降低经营规模,本项目发生金额较小。

### (六)投资支付的现金(流出,对外投资扩张)

财务分析人员应关注企业在本部分的支出金额是否来自闲置资金,以及是否存在挪用主营业务资金进行投资的行为。

### (七)取得子公司及其他营业单位支付的现金净额(流出,对外投资扩张)

本项目反映企业购买子公司及其他营业单位中以现金支付的部分,扣除子公司或其他营业单位持有的现金和现金等价物后的净额。

投资活动现金流量相对复杂一些，投资现金流出主要是对内、对外投资扩张，投资现金流入主要是对内、对外投资萎缩或收到投资收益。流出大于流入，投资活动现金流量净额为负，这是正常的，表明企业有上进心，但后期是否一定带来较高的投资收益并不确定，可能会导致其亏损。

### （八）投资活动现金流量分析总结（表2-3-5）

**表2-3-5　投资活动现金流量分析总结**

| 项目 | 评价 |
| --- | --- |
| 投资活动现金流量净额＞0 | 投资萎缩，也可能投资收益良好 |
| 投资活动现金流量净额＜0 | 正常，投资扩张，区分主动与被动，关注后期收益 |

**1. 投资活动现金流量净额大于零**

企业在投资活动方面的现金流入量大于现金流出量，这通常是非正常现象，需关注长期资产处置、变现、投资收益实现以及投资支出过少的可能原因。如果是由于企业投资收益显著，尤其是短期投资回报变现能力较强，这是比较好的现象；但如果是由于企业财务危机，同时又难以从外部筹资，而不得不处置一些长期资产，以补偿日常经营活动的现金需求，这种情况则必须加以重视。

**2. 投资活动现金流量净额小于零**

企业在购建固定资产、无形资产及其他长期资产与进行权益性投资和债权性投资等方面所支付的现金之和，大于企业因收回投资，分得股利或利润，取得债券利息收入，处置固定资产、无形资产和其他长期资产而收到的现金之和。这通常是正常现象，但需关注投资支出的合理性和投资收益的实现状况（即投资是否与企业发展阶段、长期规划及短期计划相吻合）来判断现金流量的质量。这种正常现象有两种解释：企业投资收益状况较差，投资没取得经济效益，并导致现金净流出；企业当期有较大的对外投资，因为大额投资一般会形成长期资产，影响企业今后的生产经营能力，所以这种状况对企业的长远发展有利。

## 三、筹资活动现金流量分析——"输血功能"

### （一）吸收投资收到的现金（流入）

本项目反映企业以发行股票、债券等方式筹集资金实际收到的款项，扣除直接支付给金融企业的佣金、手续费、宣传费、咨询费和印刷费等发行费用后的净额。

### (二) 取得借款收到的现金 (流入)

本项目反映企业举借各种短期、长期借款而收到的现金。

### (三) 偿还债务支付的现金 (流出)

本项目反映企业偿还债务本金所支付的现金,包括偿还金融企业的借款本金、债券本金等。

### (四) 分配股利、利润或偿付利息支付的现金 (流出)

本项目反映企业实际交付的现金股利、支付给其他投资单位的利润或用现金支付的借款利息、债券利息。

### (五) 支付的其他与筹资活动有关的现金 (流出)

本项目包括以发行股票、债券等方式筹集资金时由企业直接支付的审计和咨询等费用,为购建固定资产而发生的借款利息资本化部分,融资租入固定资产所支付的租赁费和以分期付款方式购建固定资产以后各期支付的现金。

### (六) 筹资活动现金流量分析总结 (表2-3-6)

表2-3-6  筹资活动现金流量分析总结

| 项目 | 评价 |
| --- | --- |
| 筹资活动现金流量净额>0 | 筹款大于还款,说明企业比较需要资金,可能是主动扩张行为,也可能是被动行为 |
| 筹资活动现金流量净额<0 | 还款大于筹款,说明资金充裕;也可能是被迫还款,而同时筹款困难 |

**1. 筹资活动现金流量净额大于零**

当企业处于发展的起步阶段,扩大投资需要大量资金,或在企业经营活动的现金流量净额小于零的条件下,企业的现金流周转主要靠筹资活动解决。这时企业筹资活动现金流量净额一般会大于零,但报表使用者应当分析企业筹资活动现金流量净额大于零是否正常,企业的筹资活动是否已经纳入企业发展规划,以判断这是企业管理层以扩大投资和经营活动为目标的主动筹资行为,还是企业因投资活动和经营活动的现金流失控而不得已的筹资行为。

**2. 筹资活动现金流量净额小于零**

这可能是因为企业在本会计期间集中发生偿还债务、支付筹资费用、分配股利或利润、偿还利息或支付融资租赁租金等业务,也可能是因为企业经营活动与投资活动在现金流量方面运转较好,有能力负担上述支付。但是,企业筹资活动产生的现金流量净额小于零,还可能是企业在投资扩张方面没有更好作为的一种表现。

## 四、现金流量表相关数据异常表现

### （一）高额货币资金与高额短期负债、逾期借款共存

高额货币资金是指企业拥有与经营业绩不相匹配的货币资金余额，且货币资金占资产总额比例过高，多年来变化很小。

一般而言，企业为了避免负担不必要的机会成本，其货币资金余额都会与自身的经营情况相匹配。如果企业的货币资金余额明显超出其正常经营规模的需要，且多年来无变化或变化较小，则可能是由以下几方面原因造成。

第一，货币资金用途受到限制，如进行质押、设立担保，而企业未将相关情况进行披露。

第二，货币资金被控股股东等关联方占用。

如果企业拥有高额货币资金的同时还伴有高额的短期银行借款等短期负债或逾期借款，且高额货币资金基本上能够涵盖短期借款或逾期借款，那么该企业可能也存在着和第二种情况一样的问题。

### （二）销售收到现金与营业收入变化不匹配

在应收账款变动不大的情况下，销售商品、提供劳务所收到的现金与营业收入及增值税增幅不匹配。

理论上来说，在应收账款年初年末余额变动幅度不大的情况下，当年销售商品、提供劳务收到的现金的增长幅度应与营业收入以及增值税的增长幅度相匹配。若现金流增长幅度小于收入以及增值税增长幅度，则公司有虚构收入并虚开增值税发票的嫌疑。

### （三）购货付出现金与营业成本不匹配

在应付账款变动不大的情况下，购买商品、接受劳务支付的现金与营业成本增幅不匹配。

同应收账款一样，在应付账款年末余额变动幅度不大的情况下，当年购买商品、接受劳务支付的现金增幅应与营业成本增幅保持相当水平。若现金流增幅小于营业成本增幅，则企业有可能虚构收入，并相应地虚构了营业成本。

### （四）投资活动现金流异常

（1）某会计年度现金流量表中出现大额的购建固定资产、无形资产和其他长期资产支付的现金，而资产负债表及其附注中的固定资产原值、在建工程以及无形资产等长期资产项目在该年度内没有发生明显变化。

（2）投资支付的现金、收回投资收到的现金的变动幅度与长期股权投资、可供出售金融资产等科目的变动幅度不匹配。

（3）吸收投资收到的现金与验资报告中的货币出资金额不匹配。

### (五) 经营性现金流量净额与净利润匹配异常

如果经营现金流量净额长期明显低于净利润，甚至为负数，这是非常危险的信号。这说明企业长期处于入不敷出的状况，特别是当企业负债很高且经营现金流量净额仍为负数时，可能演化为巨额亏损。

如果经营性现金流量净额大大超过净利润，可能是因为预收账款大幅增加，也可能是因为应付账款大幅增加，还可能是因为企业压低利润。应通过查询年报中会计政策是否改变以及坏账准备和存货减值准备是否大幅增加分析现金流状况。另外，某些企业由于行业特殊性，费用支出和收入实现并非同一年产生，例如，资本密集型企业存在较多固定资产，而固定资产折旧虽然每年被纳入成本，但不会产生现金流出。

---

**素养提升**

切忌纸上富贵，重视现金流量

一家成功的企业，要实现客户价值、员工成长、股东回报、社会责任四位一体的发展，没有背后源源不断的现金流支持，都只能是镜花水月、空中楼阁。

现金流是如此之重要，好比人体维持生命的血液。一个人的血液循环，承载着运送新能量、清除身体废弃物的功能，永不间断。企业的现金流同样如此，是企业生存和发展的命脉，也是企业去芜存菁、破旧立新的源泉。健康血液的重要标志是不停地流动，而现金流量表就是检验和分析企业血液（现金）流动和血液（现金）质量的报表。

# 学习任务四　所有者权益变动表项目分析

## 学习情境描述

根据比亚迪（股票代码：002594）的所有者权益变动表报告，搜集相关的财务数据与非财务信息，完成对比亚迪的所有者权益变动表的相关项目分析，为公司投资决策提供支持。

## 学习目标

（1）通过查阅资料，能够搜集并整理与所有者权益变动表相关信息，挖掘背后的非财务信息。

（2）掌握所有者权益变动表相关项目的分析方法、内容与要点。

（3）能够团队合作完成所有者权益变动表初步分析，并完成单项分析报告撰写。

## 任务书

在比亚迪财务部门月度工作例会上，财务总监提到公司总经理要对公司的整体经营情况开展全面的调研，以全面掌握企业的经营状况，财务部将从财务角度提供相关的经营分析报告，为总经理的经营决策提供支持。前期，作为财务分析专员，你已经完成了企业四大财务报表的初步分析，按照工作流程需要对所有者权益变动表相关的报表项目进行筛选，并进行深入分析，并做出专业的分析报告。

## 获取信息

**引导问题1**：资产负债表中对于所有者权益项目的分析与对所有者权益变动表的分析有什么异同？

视频：企业所有者权益变动表的项目分析要点

_____

_____

_____

**引导问题2**：所有者权益的变动主要可以区分成"输血性"变化和"盈利性"变化两大类，"输血性"变化是指企业依靠股东入资增加的所有者权益，那"盈利性"变化是指什么？

_____

_____

（1）所有者权益变动如果主要来源于"输血性"变化会有何特点？

_____

_____

_____

(2) 所有者权益如果主要来源于"盈利性"变化会有何特点？

_____
_____
_____

**引导问题3**：在本年增减变动金额中，上年年末余额项目实质反映了什么？

_____
_____

**引导问题4**：在本年增减变动金额中，综合收益总额的驱动要素是_____。前者与企业生产经营活动的核心竞争力_____，后者与企业日常的生产经营活动_____。前者反映企业当年实现的_____，并对应列在"未分配利润"栏，后者反映企业当年直接计入所有者权益的利得和损失金额。

**引导问题5**：所有者投入和减少的资本项目中的子项目所有者投入的普通股，反映的是_____。

**引导问题6**：在利润分配过程中，提取盈余公积项目会导致所有者权益构成要素的_____项目的金额增加和_____项目的金额减少，这对所有者权益合计的金额是否有影响，为什么？

_____
_____
_____

**引导问题7**：在本年增减变动金额中，利润分配项目下的对所有者（或股东）的分配项目，反映了_____

(1) 常见的股利政策包括_____和_____。

(2) 发放现金股利会对所有者权益变动带来什么影响？

_____
_____

(3) 发放股票股利会对所有者权益变动带来什么影响？

_____
_____

**引导问题8**：所有者权益内部结转项目中：

(1) _____，反映企业以资本公积转增资本或股本的金额。

(2) _____，反映企业以盈余公积转增资本或股本的金额。

（3）_____，反映企业以盈余公积来弥补亏损的金额。

（4）_____，反映企业用以前获利年度所提取的法定或任意盈余公积来弥补后续年度发生的亏损。

**引导问题9**：资本保值增值率的计算公式为：

_____

该指标表示企业当年资本在企业自身努力下的实际增减变动情况，是评价企业财务效益状况的辅助指标。反映了投资者投入企业资本的保全性和增长性，该指标越高，表明_____

_____。

**引导问题10**：资本积累率的计算公式为：

_____

该指标越高，表明_____

_____。

## 工作实施

搜集比亚迪（股票代码：002594）2018—2020年的年度报告及其他非财务信息，仔细研读所有者权益变动表相关内容，完成所有者权益变动表项目分析（表2-4-1～表2-4-4）。

比亚迪年报

## 一、期初余额和期末余额分析

根据比亚迪公司2018—2020年所有者权益变动表中所有者权益的年初余额和年末余额，分析比亚迪公司的资本保值增值率和资本积累率。

表2-4-1 所有者权益变动表

| 项目 | 2018年 | 2019年 | 2020年 |
|---|---|---|---|
| 资本保值增值率 | | | |
| 资本积累率 | | | |

**分析评价**：比亚迪公司2018—2020年的资本保值增值率分别为_____、_____、_____，呈现_____的趋势，说明企业资本的运营效益与安全状况_____。同期资本积累率分别为_____、_____、_____，呈现_____的趋势，反映了投资者投入企业资本的保全性和增长性_____，企业应付风险、持续发展的能力_____。

## 二、本期增减变动金额分析

**1. 分析综合收益总额**

表2-4-2　综合收益总额情况分析

单位：亿元

| 项目 | 2018 年 | | 2019 年 | | 2020 年 | | 平均增长率 |
|---|---|---|---|---|---|---|---|
| | 金额 | 占比 | 金额 | 占比 | 金额 | 占比 | |
| 净利润 | | | | | | | |
| 其他综合收益 | | | | | | | |
| 综合收益总额 | | | | | | | |

**分析评价**：比亚迪公司2018—2020年度净利润分别为_____、_____、_____，占综合收益总额的比率分别为_____、_____、_____，平均增长率为_____；其他综合收益分别为_____、_____、_____，占综合收益总额的比率分别为_____、_____、_____，平均增长率为_____；综合收益总额分别为_____、_____、_____，平均增长率为_____。

**2. 分析所有者投入和减少资本**

表2-4-3　所有者投入和减少资本分析

单位：亿元

| 项目 | 2018 年 | 2019 年 | 2020 年 |
|---|---|---|---|
| 所有者投入的普通股 | | | |
| 其他权益工具持有者投入资本 | | | |
| 股份支付计入所有者权益的金额 | | | |
| 其他 | | | |
| 合计 | | | |

**分析评价**：所有者投入的普通股项目反映的是本报告期企业所有者（或股东）向该企业的资本性投入，2018—2020年该金额分别为_____、_____、_____，呈_____态势，说明_____。其他权益工具持有者投入资本反映企业发行的除普通股以外分类为权益工具的金融工具的持有者投入资本的金额，2018—2020年该金额分别为_____、_____、_____，代表着企业筹集长期资金的能力_____。

## 3. 分析利润分配

**表 2－4－4　对股东的利润分配情况分析**

单位：亿元

| 项目 | 2018 年 | 2019 年 | 2020 年 |
|---|---|---|---|
| 对股东分配的金额 | | | |
| 对股东分配的增长率 | | | |
| 平均增长率 | | | |

**分析评价**：比亚迪公司 2018—2020 年对股东分配的金额分别为＿＿＿＿、＿＿＿＿和＿＿＿＿，其增长率分别为＿＿＿＿、＿＿＿＿、＿＿＿＿，平均增长率为＿＿＿＿，说明管理层对股东资本性投资的回报水平呈＿＿＿＿的状态。

## 学习情境的相关知识点

# 一、关于本年年初余额和本年年末余额的分析

本年年初余额和本年年末余额重点关注两个指标：资本保值增值率、资本积累率。

### （一）资本保值增值率

资本保值增值率反映了企业资本的运营效益与安全状况。资本保值增值率的公式为：

$$资本保值增值率 = \frac{期末所有者权益}{期初所有者权益}$$

资本保值增值率表示企业当年资本在企业自身努力下的实际增减变动情况，是评价企业财务效益状况的辅助指标，反映了投资者投入企业资本的保全性和增长性。该指标越高，表明企业的资本保全状况越好，所有者权益增长越快，债权人的债务越有保障，企业发展后劲越强。

### （二）资本积累率

资本积累率是企业当年所有者权益的增长额同期初所有者权益之比。资本积累率的公式为：

$$资本积累率 = \frac{当年所有者权益增长额}{期初所有者权益}$$

资本积累率是企业当年所有者权益总的增长率，反映了企业所有者权益在当年的变动水平，体现了企业资本的积累情况，是企业发展强盛的标志，也是企业扩大再生产的源泉，展示了企业的发展潜力。该指标越高，表明企业的资本积累越多，企业资本保全性越强，应付风险、持续发展的能力越大。该指标如为负值，表明企业资本受到侵蚀，所有者利益受到损害，应予充分重视。

## 二、关于本年增减变动金额分析

对于本年增减变动金额的分析,要注意区分是"输血性"的变化还是"盈利性"的变化。这里的"输血性"变化是指企业因为股东入资而增加的所有者权益,而"盈利性"变化则是指企业依靠自身的盈利而增加的所有者权益。显然,这两个方面均会引起所有者权益总额的变化,但对报表使用者来说却有着不同的信息含义。"输血性"变化会导致企业资产增加,但因此增加的资产其盈利前景是不确定的;如果是"盈利性"变化的盈利质量较高,则意味着企业可持续发展的盈利前景向好。

### (一) 关于综合收益总额的分析

综合收益总额项目的金额是由净利润和其他综合收益的税后净额项目加计后得出的,在填列所有者权益变动表"本年增减变动金额"栏的"综合收益总额"行次时,与本年度利润表净利润项目相对应的金额应填列在"未分配利润",与本年利润表的其他综合收益税后净额项目相对应的金额应填列在"其他综合收益"。从报表分析的角度而言,尽管净利润和其他综合收益的税后净额均属于变量增减驱动要素,但前者与企业生产经营活动的核心竞争力息息相关,后者与企业日常的生产经营活动无关。两者比较而言,前者更具持续性、稳定性和现实性。

### (二) 关于所有者投入和减少资本的分析

所有者投入或减少资本项目直接会影响到本年金额栏的"实收资本(股本)""其他权益工具""资本公积"栏次。该项目折射出了企业所有者对该企业未来发展趋势的预期以及对企业管理层的信任程度。

所有者投入的普通股项目,反映的是本报告期企业所有者(或股东)向该企业的资本性投入,代表着该企业的所有者(或股东)对该企业未来发展趋势的持续看好、对企业管理层信任度的增强以及所有者(或股东)面向未来的信心在增强。

其他权益工具持有者投入资本项目,反映企业发行的除普通股以外分类为权益工具的金融工具的持有者投入资本的金额。本报告期内该项目如果存在发生额,通常表明该企业对金融市场的适应能力较强,企业筹集长期资金的能力也较强,企业现存所有者(或股东)维持对该企业的控制欲望也较强。

股份支付计入所有者权益的金额项目,反映的是本报告期内因实施权益结算方式的股份支付激励计划而依据相关具体会计准则而计入"资本公积——其他资本公积"中的金额。由于权益结算方式下,被激励对象行权时会转变为企业的股东,实施该激励方式通常代表着企业的长期激励机制较为健全、合理、有效,在共赢机制和预期推动下,企业未来的成长性通常较好。

## （三）关于利润分配的分析

在利润分配过程中，提取盈余公积项目会导致所有者权益构成要素的盈余公积项目的金额增加和未分配利润项目的金额减少，但所有者权益合计的金额并未受到影响。对所有者（或股东）的分配项目会导致所有者权益构成要素的未分配利润项目的金额减少。该项目的发生额表面上体现的是管理层对企业所有者（或股东）资本性投资的回报水平，但实质上也折射出企业所有者（或股东）眼前利益与长远利益如何取舍的价值观及对该企业未来发展的预期。作为企业的潜在投资者，应综合考量过往和当期的资本性投资的分红水平、现有股东对企业未来发展的信心及预期状况。

（1）现金股利包含的财务状况质量信息。

企业现金股利分配政策既可以在一定程度上反映企业利润质量的好坏，也可以在一定程度上反映管理层对企业未来的信心。利润质量不好、利润支付能力较差、对未来盈利能力信心不足的企业，难以考虑支付大规模的现金股利。但近年来，我国上市公司出现了大规模分配现金股利的现象，主要是为了迎合中国证监会关于上市公司再融资的要求。因此，支付大规模现金股利的企业，其利润质量不一定很好。

（2）股票股利所包含的质量信息。

股票股利并不会引起企业资产、负债和所有者权益中任一项的总额发生变动，只是引起所有者权益内部有关项目金额和所有者权益的内部结构发生变化，即留存收益的金额减少，股本和资本公积的金额相应增加。因而，在这种股利分配模式下，股东实际上是将收益留存在企业作为对企业的再投资资金。只要企业预期具有较好的发展前景，股票股利可以使拥有的份额增加，所以通常被市场看成是一种对股东有利的股利分配方式。

值得注意的是，企业高比例派发股票股利，不但不意味着企业一定具有较高的盈利能力和良好的财务状况，反而会引起股本规模的过快增长。如果企业的盈利水平不能以相当规模增加，就会引起企业每股收益的大幅下降，进而影响企业的市场形象。

## （四）关于所有者权益内部结转的分析

所有者权益内部项目互相结转，虽然不改变所有者权益的总规模，但这种变化会对企业的财务形象产生直接影响。或增加企业的股本数量（转增股本），或弥补企业的累计亏损（盈余公积弥补亏损），虽然对资产结构和质量没有直接影响，但可能会对企业未来的股权价值变化以及利润分配前景产生直接影响。

资本公积转增资本（或股本）项目，反映企业以资本公积转增资本或股本的金额。如果企业利用资本公积转增资本，对于上市公司而言，会拉低该股票二级市场的交易价格，进而对提升该股票在二级市场的流通性有正向激励作用。

盈余公积转增资本（或股本）项目反映企业以盈余公积转增资本或股本的金额。在通常情况下，企业盈余公积转增资本（或股本）后续的直接融资或间接融资行为会明显增加。利益相关者需要结合对该企业发展战略及其盈利能力、营运能力的研判，有针对性地做出相应的决策。

盈余公积弥补亏损项目，代表的是企业用以前获利年度所提取的法定或任意盈余公积来弥补后续年度发生的亏损。在通常情况下，企业实施该类行为要么是满足以后年度实施利润分配的前置条件，要么是满足未来进一步实施从资本市场再融资的前置条件。总体而言，该类企业以前期间的获利能力出现了由强转弱的不利演变趋势，但"低谷"已过且未来发展趋势向好。

**素养提升**

著名会计学者、现代会计之父潘序伦先生，在创办立信会计学院时，提出24字校训："信以立志、信以守身、信以处世、信以待人、毋忘立信、当必有成。"大学生应从立志、守身、处世、待人等方面建立信用，以守信为本。

# 学习领域三

## 财务比率分析与综合分析

## 学习任务一　盈利能力比率分析

### 学习情境描述

根据比亚迪（股票代码：002594）的财务报告，搜集相关的财务数据信息，完成对比亚迪的盈利能力比率分析，为公司投资决策提供支持。

### 学习目标

（1）掌握盈利能力相关的财务指标的计算方法。

（2）能够根据投资需求制定盈利能力分析方案，并准确解读财务指标。

（3）能够准确描述盈利分析结论，并给出相应的建议。

### 任务书

在比亚迪财务部门月度工作例会上，财务总监提到公司总经理要对公司的整体经营情况开展全面的调研，以全面掌握企业的经营状况，财务部将从财务角度提供相关的经营分析报告，为总经理的经营决策提供支持。前期，作为财务分析专员，你已经完成了企业四大财务报表的初步分析与项目分析，按照工作流程还需要对企业盈利能力进行分析，并做出专业的分析报告。

### 获取信息

**引导问题1**：盈利能力通常是指企业在一定时期内赚取利润的能力。盈利能力的大小是一个相对的概念，即利润与收入相比较的一个相对的概念。盈利能力的大小可以用利润率来衡量，利润率越高，盈利能力越_____；利润率越低，盈利能力越_____。

视频：企业盈利能力分析要点

**引导问题2**：资本经营盈利能力，是指企业所有者投入的资本通过经营取得利润的能力。反映资本经营盈利能力的基本指标是净资产收益率，即企业本期净利润与净资产平均余额的比率，其计算公式是：_____。

**引导问题3**：净资产收益率是反映盈利能力的核心指标。因为企业的根本目标是使所有者权益或股东价值最大化，而净资产收益率既可直接反映资本的增值能力，又影响着企业股东价值的大小。该指标越_____，反映企业盈利能力越_____。

**引导问题4**：资本保值增值率是指企业本年年末所有者权益扣除客观增减因素后的差与年初所有者权益的比率。其计算公式为：_____。该指标等于1，意味着_____；该指标大于1，意味着_____。该指标小于1，意味着_____。

**引导问题5**：资产经营盈利能力，是指企业运营资产而产生利润的能力。反映资产经营盈利能力的指标是总资产报酬率，即息税前利润与总资产平均余额的比率。其计算公式是：_____。总资产报酬率_____，说明企业资产的运用效率好，也意味着企业的资产盈利能力强。

**引导问题6**：请简要说明为什么总资产报酬率指标包含利息支出。
_____
_____
_____

**引导问题7**：总资产报酬率可以反映企业资产综合利用效果和综合经营管理水平的高低，如何解读分析该指标？
_____
_____

**引导问题8**：反映商品经营盈利能力的指标主要有营业利润率、销售毛利率、销售净利润率等。销售毛利率，指销售毛利（即主营业务收入与主营业务成本的差额）与主营业务收入之间的比率，其计算公式为：_____。销售毛利率是企业盈利的基础，单位收入的毛利越_____，抵补各项期间费用的能力越强，企业的盈利能力也就越高。

**引导问题9**：影响销售毛利变动的内部因素包括哪些？
_____
_____

**引导问题10**：营业利润率又称销售利润率，是指企业利润总额与营业收入的比率。该指标用于衡量企业营业收入的净盈利能力。其计算公式为：_____。对于营业利润率而言，其影响因素主要包括两个方面，即营业利润和营业收入。其中，营业利润与营业利润率成正比，即营业利润越_____，营业利润率越_____。营业收入与营业利润率成反比，即当营业利润额一定时，营业收入额越_____，营业利润率越_____，说明营业的盈利能力越_____；反之，营业收入额越_____，营业利润率越_____，说明营业的盈利能力越_____。这说明，要提高营业利润率，必须用同等的营业收入实现更多的营业利润额。

**引导问题 11**：销售净利率，指净利润与营业收入之间的比率，其计算公式为：_____
_____。

**引导问题 12**：每股利润也称每股收益或每股盈余，主要是针对普通股而言的。它是指公司净利润扣除优先股股利后的差与流通在外普通股股数的比率。普通股每股利润计算公式为：_____。该比率反映普通股的盈利水平，是衡量股份公司（一般指上市公司）盈利能力的重要财务指标，对于公司股票市价、股利支付能力等均有重要影响。如果将历年普通股每股收益进行比较，可以帮助投资人进行投资决策。

**引导问题 13**：每股股利与每股利润类似，主要也是针对普通股而言的。它是指普通股股利总额与流通在外普通股股数的比率。普通股每股股利计算公式为：_____。分子采用_____而不采用股票股利，因为大多数投资者更关心所取得的_____。该指标数值越高，反映公司盈利能力越_____，越能引起投资者和股东的关注。

**引导问题 14**：每股净资产是指股东权益与总股数的比率。其计算公式为：_____
_____。这一指标反映每股股票所拥有的资产价值，每股净资产越_____，股东拥有的每股资产价值越_____。每股净资产反映了每股股票代表的公司净资产价值，是支撑股票市场价格的重要基础。

**引导问题 15**：留存收益率，指公司税后盈利减去应付现金股利后的差额和税后盈利的比率。它表明公司的税后利润有多少用于发放股利，有多少用于保留盈余和扩展经营。其计算公式为：_____。

## 工作实施

搜集比亚迪（股票代码：002594）2018—2020 年的年度报告，仔细研读年报相关内容，完成相关分析（表 3-1-1、表 3-1-2）。该任务的实施可借助 Excel 或 PowerBI 等工具进行。

视频：盈利能力指标计算

## 一、资本经营盈利能力分析

**表 3-1-1 资本经营盈利能力分析（简表）**

| 项目 | 2018 年 | 2019 年 | 2020 年 |
|---|---|---|---|
| 净资产收益率 | | | |
| 资本保值增值率 | | | |

**分析评价**：比亚迪公司 2018 年的净资产收益率为_____，2019 年的净资产收益率为_____，2020 年的净资产收益率为_____，总体趋势是_____，表明该企业_____。

该公司 2018 年的资本保值增值率为_____，2019 年的资本保值增值率为_____，2020 年的资本保值增值率为_____，总体趋势是_____，表明该企业_____。因此，从上述指标中可以看出，该企业的资本经营盈利能力_____。

## 二、资产经营与商品经营盈利能力分析

**表 3-1-2  资产经营与商品经营盈利能力分析（简表）**

| 项目 | 2018 年 | 2019 年 | 2020 年 |
| --- | --- | --- | --- |
| 总资产报酬率 | | | |
| 销售毛利率 | | | |
| 营业利润率 | | | |
| 销售净利率 | | | |
| 成本费用利润率 | | | |

**分析评价**：比亚迪公司 2018 年的销售毛利率为_____，2019 年的销售毛利率为_____，2020 年的销售毛利率为_____，总体趋势是_____，表明该企业_____。该公司 2018 年的总资产报酬率为_____，2019 年的总资产报酬率为_____，2020 年的总资产报酬率为_____，总体趋势是_____，表明该企业_____。该公司营业利润率呈_____趋势，表明该企业_____；销售净利率呈_____趋势，表明该企业_____；成本费用利润率呈_____趋势，表明该企业_____。

通过分析上述指标的数值及变化趋势，请评价比亚迪的资产经营与商品经营盈利能力状况，并结合报表附注分析指标变动原因。

_____
_____
_____
_____
_____
_____

### 学习情境的相关知识点

## 一、盈利能力分析目的

盈利能力通常是指企业在一定时期内赚取利润的能力。盈利能力的大小可以用利润率来衡

量；利润率越高，盈利能力越强；利润率越低，盈利能力越差。

企业经营业绩的好坏最终可以通过企业的盈利能力来反映。无论是企业的管理者、债权人，还是股东（投资人），都非常关心企业的盈利能力，并重视对利润率及其变动趋势的分析与预测。

从企业的角度来看，从事各种经营活动，直接目的是最大限度地赚取利润并维持企业持续稳定的经营和发展。盈利能力较强的企业比盈利能力较弱的企业具有更大的活力和更好的发展前景。因此，盈利能力是企业经理人员最重要的业绩衡量标准，也是发现问题、改进企业管理的突破口。

对于企业经理人员来说，进行企业盈利能力分析的目的具体表现在以下两个方面。

（1）利用盈利能力的有关指标反映和衡量企业经营业绩。企业管理者的根本任务，就是通过自己的努力使企业赚取更多的利润。各项盈利能力指标反映着企业盈利能力的高低，也体现了管理者工作业绩的好坏。

（2）通过盈利能力分析发现企业经营管理中存在的问题。盈利能力是企业各环节经营活动的具体表现，企业经营的好坏都会通过盈利能力表现出来。通过对盈利能力的深入分析，可以使管理者发现经营管理中的重大问题，进而采取措施解决问题，提高企业收益和管理水平。

对于债权人来讲，利润是企业偿债的重要来源，特别是对长期债务而言。盈利能力直接影响企业的偿债能力。企业举债时，债权人势必审查企业的偿债能力。

在市场经济下，股东往往会认为企业的盈利能力比财务状况、营运能力更重要。股东的直接目的就是获得更多的利润，因为对于信用相同或相近的几个企业，投资人更倾向于将资金投向盈利能力较强的企业。股东关心企业赚取利润的多少并重视对利润率的分析，是因为他们获取股息多少与企业的盈利能力紧密相关。此外，企业盈利能力增加还会使股票价格上升，从而使股东获得资本收益。

## 二、盈利能力分析内容

从不同角度或从不同分析目的来看，利润率指标有多种形式。不同层次、不同性质的企业经营方式不同，反映企业盈利能力的指标形式也会有所不同。按照经营方式划分，可以将经营分为资本经营、资产经营和商品经营三种类型。

### （一）资本经营盈利能力分析

资本经营盈利能力，是指企业所有者投入的资本通过经营取得利润的能力。

**1. 净资产收益率**

反映资本经营盈利能力的基本指标是净资产收益率，即企业本期净利润与净资产平均余额的比率，其计算公式是：

$$净资产收益率 = \frac{净利润}{净资产平均余额}$$

净利润是指企业当期税后利润；净资产是指企业资产减去负债后的余额，包括实收资本、其他权益工具、资本公积、其他综合收益、盈余公积、未分配利润和少数股东权益等，也就是资产负债表中的所有者权益总额。对于净资产平均余额，一般取其期初与期末的平均值。

净资产收益率是反映盈利能力的核心指标。因为企业的根本目标是使所有者权益或股东价值最大化，而净资产收益率既可直接反映资本的增值能力，又影响着企业股东价值的大小。该指标越高，反映企业盈利能力越好。评价标准通常包括社会平均利润率、行业平均利润率或资本成本等。

**2. 资本保值增值率**

该指标在前一学习领域已详述，在此不再赘述。该指标等于1，意味着资本保值；该指标大于1，意味着资本增值。该指标小于1，意味着资本减值。

**（二）资产经营盈利能力分析**

企业的生产经营活动必须以拥有一定的资产为前提，资产的结构需要合理配置并有效地运用。利润作为资产运用的成果，是由全部资产带来的，企业资产的盈利能力越强，获取的利润越大，经济效益越好。通过资产经营盈利能力分析可以衡量资产的运用效益，从总体上反映投资效果。如果某一个企业资产经营盈利能力长期低于社会平均盈利能力，它不但无法继续吸引投资者，有可能原有的投资者也会将投资转到盈利水平高的其他企业或其他行业。所以，企业要吸收更多的投资，就必须使企业资产经营盈利能力高于同行业或社会平均水平。反映资产经营盈利能力的指标是总资产报酬率，即息税前利润与总资产平均余额的比率。运用资产负债表和利润表的资料，可以计算总资产报酬率。其计算公式是：

$$总资产报酬率 = \frac{息税前利润}{总资产平均余额} = \frac{利润总额 + 利息支出}{总资产平均余额}$$

该指标表示企业每100元资产创造利润的效率，它是反映企业资产综合利用效果的指标。在企业资产总额一定的情况下，可以分析企业活力的稳定性和持久性，还可以反映企业综合经营管理水平的高低。该指标越大，反映企业投资回报能力越强。企业应注意尽可能提高获利能力，增加利润，同时优化资产结构，提高资产运用效率。在对总资产报酬率进行分析时，应进行连续几年的趋势分析和同业比较分析，以提高分析结论的准确性。为什么计算总资产报酬率指标包括利息支出？因为既然采用全部资产，从利润中没有扣除自有资本的等价报酬（红利），那么同样也不能扣除借入资本的等价报酬（利息）。

**（三）商品经营盈利能力分析**

商品经营盈利能力主要体现在企业实现每100元销售额所取得的利润。将利润指标与销售收入对比,可以获得不同的反映销售盈利能力的指标。反映企业商品经营盈利能力的指标有多种,其中应用比较广泛的主要有销售毛利率、营业利润率(销售利润率)和销售净利率等。

**1. 销售毛利率**

所谓销售毛利,是指主营业务收入与主营业务成本之差。销售毛利额的计算有绝对数和相对数两种形式。绝对数形式即计算销售毛利额,相对数形式即计算销售毛利率。计算公式分别为:

$$销售毛利率 = \frac{销售毛利}{主营业务收入}$$

$$销售毛利 = 主营业务收入 - 主营业务成本$$

销售毛利率是指销售毛利占主营业务收入的比率,它表示每100元主营业务收入中获取的毛利额。销售毛利率是企业盈利的基础,单位收入的毛利越高,补偿各项期间费用的能力越强,企业的盈利能力也就越高。管理者除了可根据毛利率水平来预测盈利能力外,还可以利用毛利率进行成本水平的判断和控制,这是因为销售成本率 = 1 - 销售毛利率。

影响销售毛利变动的因素可分为外部因素和内部因素两大方面。外部因素主要是指市场供求变化而导致的销售数量和销售价格的变动。销售数量和销售价格的上升会导致毛利额和毛利率的上升,但销售数量和销售价格通常是此增彼减的关系,尤其价格弹性大的产品。由于我们对外部市场的驾驭能力有限,通常应适应市场变化,从内部因素入手寻求增加毛利额和毛利率的途径,所以了解影响销售毛利变动的内部因素更为重要。

**2. 营业利润率**

营业利润率又称为销售利润率,是指企业营业利润与营业收入的比率。该指标用于衡量企业营业收入的净盈利能力。其计算公式为:

$$营业利润率 = \frac{营业利润}{营业收入}$$

$$营业利润 = 主营业务利润 + 其他业务利润 - 销售费用 - 管理费用 - 财务费用$$

营业利润率指标反映了每100元营业收入中所赚取的营业利润数额。营业利润是企业利润总额中最基本、最经常、最稳定的组成部分。营业利润占营业收入的比重,是体现企业盈利能力质量的重要依据。同时,营业利润作为一种净盈利额,比销售毛利更好地说明了企业销售收入的净盈利情况,从而能更全面地、更完整地体现收入的盈利能力。显然,营业利润率越高,企业主营业务的盈利能力越强;反之,则盈利能力越弱。

对于营业利润率而言,其影响因素主要包括两个方面,即营业利润和营业收入。其中,营业利润与营业利润率成正比,即营业利润越大,营业利润率越高。营业收入与营业利润率成反比,即当营业利润额一定时,营业收入额越大,营业利润率越低,说明企业的盈利能力越弱;反之,营业收入额越小,营业利润率越高,说明营业的盈利能力越强。这说明,要提高营业利润率,必须用同等的营业收入实现更多的营业利润额。因此,影响营业利润率的关键因素是营业利润额的大小。从营业利润计算公式可知,营业利润的主要构成要素包括主营业务收入、主营业务成本、税金及附加、销售费用、管理费用、财务费用以及其他业务利润等,其中后两项与企业基本经营业务的关系相对较弱,在实际分析时应侧重于主营业务收入、主营业务成本、税金及附加、销售费用、管理费用和财务费用对营业利润的影响。

**3. 销售净利率**

销售净利率是指企业净利润占营业收入的百分比,它反映每100元营业收入中所赚取净利润的数额。其计算公式为:

$$销售净利率 = \frac{净利润}{营业收入}$$

该指标表示企业营业收入的收益水平。从销售净利率的公式可以看出,其影响因素主要包括两个方面,即净利润和营业收入。企业的净利润与销售净利率成正比,即净利润越高,销售净利率越高。而营业收入与销售净利率成反比,即当净利润一定时,营业收入越大,则销售净利率越低,说明企业盈利水平越弱;反之,营业收入越小,销售净利率越高,说明企业盈利水平越高。因此,影响销售净利率高低的关键因素是净利润的大小。

而净利润的大小取决于利润总额与所得税额的高低。在这里,就所得税而言,从反方向影响净利润的大小,但由于其税率受税法的约束,所以,该项目不是外部报表使用者关注的重点。而利润总额则不然,该项目同方向影响着净利润的大小,从而使销售净利率也同方向变动,因此,报表使用者应特别重视该因素。

可见,在增加销售收入额的同时,必须相应地获得更多的净利润,才能使销售净利率不变或有所提高。通过分析销售净利率的变动,可以促使企业在扩大销售的同时,改进经营管理,提高盈利水平。

**4. 成本费用利润率**

成本费用利润率是企业一定期间的利润总额与成本费用总额的比率。成本费用利润率的计算公式:

$$成本费用利润率 = \frac{利润总额}{成本费用总额}$$

公式中的利润总额和成本费用总额来自企业的利润表。成本费用一般指主营业务成本、税收及附加和三项期间费用(销售费用、管理费用和财务费用)。

**素养提升**

## 打铁还需自身硬

"我们将按照我们的事业可持续成长的要求,设立每个时期的合理的利润率和利润目标,而不单纯追求利润的最大化。"——华为明确规定,利润最大化不是华为的经营目标。

华为的专利从何而来?正是从大手笔的研发投入而来。华为持续十几年的"人海战术"和"钱海战术"高强度投入,收获了近8万项专利。专利应用于自己的产品,出售可以获取收入,授权别的企业使用,则可获取专利使用费。

企业如果没有长期有效的增长策略,没有勤奋创新的精神,就不会有足够的利润来支撑企业的发展。而华为正是实施了可持续发展战略,注重创新与自身能力的提升,保证了企业长期价值的实现。

# 学习任务二　偿债能力比率分析

## 学习情境描述

根据比亚迪（股票代码：002594）的财务报告，搜集相关的财务数据信息，完成对比亚迪的偿债能力比率分析，为公司投资决策提供支持。

## 学习目标

（1）掌握与偿债能力相关的财务报表项目及偿债能力分析目的。
（2）掌握与偿债能力相关的财务指标的计算方法。
（3）能够制定偿债能力分析方案，并准确解读财务指标。
（4）能够准确描述分析结论，并给出相应的建议。

## 任务书

在比亚迪财务部门月度工作例会上，财务总监提到公司总经理要对公司的整体经营情况开展全面的调研，以全面掌握企业的经营状况，财务部将从财务角度提供相关的经营分析报告，为总经理的经营决策提供支持。前期，作为财务分析专员，你已经完成了盈利能力分析，按照工作流程还需要对企业偿债能力进行财务比率分析，并做出专业的分析报告。

## 获取信息

**引导问题1**：流动比率是指流动资产与流动负债的比率，表示每一元的流动负债有多少流动资产作为偿还保证。请写出其计算公式：_____。一般认为，流动比率大约在_____以上是比较适宜的。不同利益相关者对于流动比率的要求也不尽相同，请从债权人、经营管理者和所有者角度分析各自对流动比率的要求是什么。

视频：企业偿债能力分析要点

_____

_____

**引导问题2**：企业通常使用速动比率来衡量企业流动资产中可以立即变现偿付流动负债的能力，该指标常常和流动比率一起使用，用来判断和评价企业的短期偿债能力。流动资产剔除存货和预付账款等预付费用后的资产称为_____资产，主要包括_____。速动比率的计算公式为：_____。

**引导问题3**：当企业大量储备存货时，特别是有相当比例的超储积压物资时，流动比率就会_____，可是存货的周转速度会_____，形成流动资金的相对固定化，会影响流动资产的利用效率。过高的货币资金存量能使速动比率_____，但货币资金的相对闲置会使企业丧失许多能够获利的投资机会。

**引导问题4**：一般认为，在企业的全部流动资产中，存货大约占50%。所以，速动比率的一般标准为_____，就是说，每一元的流动负债都有一元几乎可以立即变现的资产来偿付。如果速动比率低于_____，一般认为偿债能力较差，但分析时还要结合其他因素进行评价。这是经验值，不适用于所有的行业和企业。

**引导问题5**：现金比率是指现金类资产与流动负债的比率。这里现金类资产有两种表示方式：第一种现金类资产仅指货币资金，因此现金比率的计算公式为_____；第二种现金类资产除货币资金以外，还包括货币资金的等价物，即企业持有的期限短、流动性强、易于转换为已知金额的现金、价值变动风险很小的投资，这时现金比率的计算公式为_____。

**引导问题6**：现金比率越_____，表示企业可立即用于支付债务的现金类资产越多。如果这一比率过高，表明企业通过负债方式所筹集的流动资金没有得到充分利用，所以并不鼓励企业保留更多的现金类资产。一般认为这一比率应在_____左右，在这一水平上，企业的直接支付能力不会有太大的问题。

**引导问题7**：请描述流动比率、速动比率及现金比率等指标的局限性，并思考什么指标可以克服这一局限性，为什么？

_____

_____

**引导问题8**：资产负债率是企业负债总额与企业资产总额的比率。资产负债率是综合反映企业偿债能力的重要指标。该指标反映了在企业的全部资产中由债权人提供的资产所占比重的大小，其计算公式为：_____。该指标越大，说明企业的债务负担越重。对债权人来说，该比率越_____越好，因为企业的债务负担越轻，其总体偿债能力越强，债权人权益的保证程度越高。企业所有者会希望该指标_____，虽然这样会使企业债务负担加重，但企业也可以通过扩大举债规模获得较多的财务杠杆利益。一般认为，资产负债率的适宜水平是_____，如果这一比率超过_____，则表明企业已资不抵债，视为达到破产的警戒线。

**引导问题9**：股东权益比率是股东权益总额同资产总额的比率，反映企业全部资产中所有者投入所占的比重。其计算公式是：_____。该指标越高，说明_____。从"股东权益比率＝1－资产负债率"来看，该指标越大，资产负债率越小。作为债权人，比较希望将其资金借给股东权益比率_____的企业。

**引导问题10**：产权比率是负债总额与股东权益总额的比率。该指标表明由债权人提供的和由投资者提供的资金来源的相对关系，反映企业基本财务结构是否稳定。其计算公式是：_____。

**引导问题 11**：销售利息比率是指一定时期的利息费用与营业收入的比率，这一指标可以反映企业销售状况对偿付债务的保证程度。其计算公式为：_____。该指标越小，说明_____。

**引导问题 12**：已获利息倍数是指企业息税前利润与利息支出的比率。息税前利润的公式为：_____。已获利息倍数的计算公式为：_____。一般来说，该指标越_____，说明企业的长期偿债能力越_____；该指标越_____，说明企业的偿债能力越_____。运用已获利息倍数分析评价企业长期偿债能力，一般认为该指标至少要大于_____，否则说明企业偿债能力很差，无力举债经营。

**引导问题 13**：现金债务总额率是指经营活动现金流量净额与负债平均余额的比率，用来衡量企业承担债务的能力，即负债总额用经营活动所产生的现金支付程度。其计算公式为：_____。现金债务总额率能够反映企业生产经营现金流量净额偿还债务的能力。该比率越_____，表明企业偿还债务的能力越_____，财务灵活性越_____。

**引导问题 14**：利息现金流量保证倍数是指企业经营活动现金流量净额与利息费用的比率。该指标反映经营活动产生的现金流量净额是利息费用的多少倍。其计算公式是：_____。利息现金流量保证倍数比已获利息倍数更能反映企业的偿债能力。如果企业正处于高速成长期，息税前利润和经营活动现金流量净额相差很大时，使用_____指标更稳健、更保守。

### 工作实施

搜集比亚迪（股票代码：002594）2018—2020 年的年度报告，仔细研读年报相关内容，完成相关分析（表 3-2-1 ~ 表 3-2-2）。该任务的实施可借助 Excel 或 PowerBI 等工具进行。

比亚迪年报

## 一、短期偿债能力分析

表 3-2-1　短期偿债能力分析（简表）

| 项目 | 2018 年 | 2019 年 | 2020 年 |
| --- | --- | --- | --- |
| 流动比率 |  |  |  |
| 速动比率 |  |  |  |
| 现金比率 |  |  |  |
| 现金流量负债比率 |  |  |  |

**分析评价**：比亚迪公司 2018 年的流动比率为_____，2019 年的流动比率为_____，2020 年的流动比率为_____，流动比率均_____（＞，＝，＜）_____，总体趋势

是_____，表明该公司_____。2018—2020 年，比亚迪的速动比率呈_____趋势，数值均_____（＞，＝，＜）_____。从现金流量负债比率的数值及变化趋势可以看出_____。根据以上指标的表现，请总体评价比亚迪的短期偿债能力状况，并结合报表附注分析变动原因。

_____
_____
_____
_____

## 二、长期偿债能力分析

表 3-2-2  长期偿债能力分析（简表）

| 项目 | 2018 年 | 2019 年 | 2020 年 |
| --- | --- | --- | --- |
| 资产负债率 | | | |
| 股东权益比率 | | | |
| 产权比率 | | | |
| 销售利息比率 | | | |
| 已获利息倍数 | | | |
| 利息现金流量保证倍数 | | | |

**分析评价**：比亚迪公司 2018—2020 年资产负债率呈_____趋势，该负债水平_____企业合理的负债范围，说明_____；利息现金流量保证倍数呈_____趋势，反映了现金流量对于债务的保障程度呈_____趋势；已获利息倍数呈_____趋势，说明该公司偿还债务能力_____。通过上述指标的表现，请评价比亚迪的长期偿债能力状况，并结合报表附注分析指标变动原因。

_____
_____
_____
_____
_____
_____

### 学习情境的相关知识点

## 一、偿债能力分析目的

偿债能力是指企业偿还各种债务的能力。企业的负债按偿还期的长短，可以分为流动负债和非流动负债两大类。其中，反映企业偿付流动负债能力的是短期偿债能力；反映企业偿付非流动负债能力的是长期偿债能力。偿债能力是企业经营者、投资人、债权人等都十分关心的重要问题，站在不同的角度，分析目的也有区别。

投资人更重视企业的盈利能力，但他们认为若企业拥有一个良好的财务环境和较强的偿债能力更有助于提高企业的盈利能力。因此，他们同样会关注企业的偿债能力。对于投资人来说，如果企业的偿债能力发生问题，就会使企业的经营者花费大量精力去筹措资金以应付还债，这不仅会增加筹资难度，加大临时性紧急筹资的成本，还会使企业管理者难以全神贯注地进行企业经营管理，使企业盈利受到影响，最终影响到投资人的利益。

债权人对企业偿债能力的分析，目的在于做出正确的借贷决策，保证其资金安全。债权人更会从他们的切身利益出发来研究企业的偿债能力，只有企业有较强的偿债能力，才能使他们的债权及时收回，并能按期取得利息。可以通过对企业资金的主要来源和用途以及资本结构的分析，再加上对企业过去盈利能力的分析和对未来盈利能力的预测来判断企业的偿债能力。

供应商最关心的是能否尽快安全地收回资金。因此，他们必须判断企业能否及时支付商品和劳务的价款。从这个角度来说，供应商对企业偿债能力的分析和债权人类似。

对于企业来说，任何一家企业要想维持正常的生产经营活动，手中必须持有足够的现金或者随时变现的流动资产，以支付各种到期的费用账单和其他债务。

## 二、偿债能力分析的内容

### （一）短期偿债能力分析

**1. 流动比率**

流动比率是指流动资产与流动负债的比率，表示每一元的流动负债有多少流动资产作为偿还保证。其计算公式是：

$$流动比率 = \frac{流动资产}{流动负债}$$

流动比率是衡量企业短期偿债能力的重要指标，反映了企业流动资产在短期债务到期时可变现用于偿还流动负债的能力。一般来说，从债权人立场上看，流动比率越高越好，因为流动比率越高，债权越有保障，借出的资金越安全。但从经营者和所有者角度看，并不一定流动比率越高越好。在偿债能力允许的范围内，根据经营需要，进行负债经营也是现代企业经营的策略之一。一般认为，该指标应达到2以上，不过这样的经验值并不适用于所有的行业和企业。该指标越高，表示企业的偿付能力越强，企业所面临的短期流动风险越小，债权人安全程度高。

### 2. 速动比率

速动比率，是指企业的速动资产与流动负债的比率，用来衡量企业流动资产中可以立即变现偿付流动负债的能力。该指标是从流动比率演化而来的，所以常常和流动比率一起使用，用来判断和评价企业的短期偿债能力。该指标的计算公式是：

$$速动比率 = \frac{速动资产}{流动负债}$$

速动资产是指几乎可以立即变现用来偿付流动负债的资产，一般包括货币资金、交易性金融资产、应收票据、应收账款、应收利息、应收股利、合同资产、其他应收款和其他流动资产。速动资产可以简单地表达为流动资产剔除掉变现速度最慢的存货之后的余额。用速动比率来评价企业的短期偿债能力，消除了存货等变现能力较差的流动资产项目的影响，可以部分地弥补流动比率指标存在的缺陷。当企业流动比率较高时，如果流动资产中可以立即变现用来支付债务的资产较少，其偿债能力也是较差的；反之，即使流动比率较低，但流动资产中的大部分都可以在较短的时间内转化为现金，其偿债能力也很强。所以用速动比率来评价企业的短期偿债能力相对更准确一些。

### 3. 现金比率

现金比率是指现金类资产与流动负债的比率，其计算公式为：

$$现金比率 = \frac{货币资金 + 有价证券}{流动负债}$$

现金比率越高，表示企业可立即用于支付债务的现金类资产越多。由于现金类资产的盈利水平较低，企业不必要保留过多的现金类资产。如果现金比率过高，表明企业通过负债方式所筹集的流动资金没有得到充分利用，一般认为这一比率应在20%左右。

企业偿债能力从本质上讲，是衡量企业能否按期归还到期债务的能力，但在以上计算短期偿债能力的指标中所使用的流动负债，是表示某一时点上的债务，并不表示这些债务已经到期，并且需要在这一时点偿还，这些债务往往要在这一时点之后的未来某一时点偿还。在计算这些指标时所使用流动资产或速动资产也只是在这一时点上的资产存量，并不表示这些资产马上就可以用于偿还债务，或一定能在现有负债到期时转化成现金来偿还这些债务。因此，流动比率也好，速动比率也好，无法反映动态过程中企业的偿还债务的能力。企业偿还其债务是一个动态过程，其偿债能力也应该是在未来某一时点上的能力。当某一具体债务到期时，企业既可以通过现存资产的变现去偿还，也可以用债务到期前所获得的现金去偿还。所以，对企业短期偿债能力的分析还应该从动态方面进行。

**4. 现金流动负债比率**

现金流动负债比率是企业一定时期的经营活动现金流量净额同流动负债的比率，它可以从现金流量角度来反映企业当期偿付短期负债的能力。

$$现金流动负债比率 = \frac{经营活动现金流量净额}{流动负债}$$

经营活动现金流量净额是指一定时期内，由企业经营活动所产生的现金及现金等价物的流入量与流出量的差额。该指标是从现金流入和流出的动态角度对企业实际偿债能力进行考察。一般该指标大于1，表示企业流动负债的偿还有可靠保证。该指标越大，表明企业经营活动产生的现金净流量越多，越能保障企业按期偿还到期债务，但也并不是越大越好，该指标过大则表明企业流动资金利用不充分，盈利能力不强。

### (二) 长期偿债能力分析

**1. 资产负债率**

资产负债率是企业负债总额与企业资产总额的比率。资产负债率是综合反映企业偿债能力的重要指标。该指标反映了在企业的全部资产中由债权人提供的资产所占比重的大小，反映了债权人向企业提供信贷资金的风险程度，也反映了企业举债经营的能力。其计算公式是：

$$资产负债率 = \frac{负债总额}{资产总额}$$

该指标越大，说明企业的债务负担越重；反之，说明企业的债务负担越轻。资产负债率指标既可用于衡量企业利用债权人资金进行经营活动的能力，也可反映债权人发放贷款的安全程度。对债权人来说，该比率越低越好，因为企业的债务负担越轻，其总体偿债能力越强，债权人权益的保证程度越高。对于投资者来说，会希望该指标大一些，虽然这样会使企业债务负担加重，但企业也可以通过扩大举债规模获得较多的财务杠杆利益。但如果该指标过高，会影响企业的筹资能力。一般认为，资产负债率的适宜水平是40%~60%，如果这一比率超过100%，则表明企业已资不抵债，视为达到破产的警戒线。

**2. 股东权益比率**

股东权益比率是股东权益总额同资产总额的比率，反映企业全部资产中所有者投入所占的比重。其计算公式是：

$$股东权益比率 = \frac{股东权益总额}{资产总额}$$

$$= 1 - 资产负债率$$

股东权益比率是表示长期偿债能力保证程度的重要指标。该指标越高，说明企业资产中由所有者投资所形成的资产越多，偿还债务的保证程度越大。从"股东权益比率 = 1 – 资产负债率"来看，该指标越大，资产负债率越小。债权人非常看重这一比率。当债权人将其资金借给股东权益比率较高的企业时，由于有较多的企业自有资产做偿债保证，债权人全额收回债权的保障程度就高。例如，企业资产50%来源于所有者投资，50%通过负债取得，那么，即使公司的全部资产按一半的价格转换为现金，依然能付清所有的负债。由此可见，股东权益比率能够明确反映企业对债权人的保护程度。如果企业处于清算状态，该指标对偿债能力的保证程度就显得更加重要。

### 3. 产权比率

产权比率是负债总额与股东权益总额的比率。该指标表明由债权人提供的和由投资者提供的资金来源的相对关系，反映企业基本财务结构是否稳定。其计算公式是：

$$产权比率 = \frac{负债总额}{股东权益总额}$$

同为衡量企业长期偿债能力的指标，如果说资产负债率是反映企业债务负担的指标，股东权益比率是反映偿债保证程度的指标，产权比率就是反映债务负担与偿债保证程度相对关系的指标。产权比率和资产负债率、股东权益比率具有相同的经济意义，但该指标更直观地表示出了负债受到股东权益的保护程度。由于股东权益等于净资产，所以，这两个指标的计算结果一样，只是角度不同而已。一般来说，产权比率可反映股东所持股权是否过多，或者是尚不够充分等情况，从另一个方面表明企业借款经营的程度。

### 4. 已获利息倍数

任何企业为了保证再生产的顺利进行，在取得营业收入后，都需要首先补偿企业在生产经营中的耗费。若补偿耗费之后的余额还不足以支付利息支出，企业的再生产就会受到影响。因此，已获利息倍数比销售利息比率更能反映企业偿债能力的保证程度。已获利息倍数是指企业息税前利润与利息支出的比率。其计算公式为：

$$已获利息倍数 = \frac{利润总额 + 利息支出}{利息支出} \times 100\%$$

公式中的利息支出包括财务费用中的利息费用和资本化利息，通常用财务费用中的利息费用来表示。一般来说，该指标越高，说明企业的长期偿债能力越强；该指标越低，说明企业的偿债能力越差。运用已获利息倍数分析评价企业长期偿债能力，从静态看，一般认为该指标至少要大于1，否则说明企业偿债能力很差，无力举债经营；从动态看，已获利息倍数提高，说明偿债能力增强，否则说明企业偿债能力下降。

### 5. 利息现金流量保证倍数

利息现金流量保证倍数是指企业经营活动现金流量净额与利息费用的比率。该指标反映经营活动产生的现金流量净额是利息费用的多少倍。其计算公式是：

$$利息现金流量保证倍数 = \frac{经营活动现金流量净额}{利息费用}$$

利息现金流量保证倍数比已获利息倍数更能反映企业的偿债能力。当企业息税前利润和经营活动现金流量净额变动基本一致时，这两个指标结果相似。但如果企业正处于高速成长期，息税前利润和经营活动现金流量净额相差很大时，使用利息现金流量保证倍数指标更稳健、更保守。

**素养提升**

"永煤违约事件"之后，监管部门开始密切关注国企债务违约问题，尤其是对地方国企债务风险处置和防范给予了高度重视。在此情况下，国务院国资委发布了《关于加强地方国有企业债务风险管控工作的指导意见》，从完善监测预警机制、分类管控资产负债率、开展债券全生命周期管理、依法处置违约风险、规范债务资金用途等八个方面，指导地方国资委进一步加强国有企业债务风险管控工作。这是专门针对地方国企债务风险防控的第一份政策文件，短期来看，可以有效防范化解企业重大债务风险，提振整个债券市场信心；长期来看，有利于金融系统的稳定性，守住不引发区域性、系统性金融风险的底线。

摘自《经济日报》

# 学习任务三　营运能力比率分析

## 学习情境描述

根据比亚迪（股票代码：002594）的财务报告，搜集相关的财务数据信息，完成对比亚迪的营运能力比率分析，为公司投资决策提供支持。

## 学习目标

（1）掌握与上市公司营运能力相关的财务指标的计算方法。

（2）能够根据投资需求制定营运能力分析方案，并准确解读财务指标。

（3）能够准确描述营运分析结论，并给出相应的建议。

## 任务书

在比亚迪财务部门月度工作例会上，财务总监提到公司总经理要对公司的整体经营情况开展全面的调研，以全面掌握企业的经营状况，财务部将从财务角度提供相关的经营分析报告，为总经理的经营决策提供支持。前期，作为财务分析专员，你已经完成了企业盈利能力与偿债能力分析，按照工作流程还需要对企业营运能力进行分析，并做出专业的分析报告。

## 获取信息

**引导问题1**：企业营运能力通常使用资产周转速度指标来衡量。资产周转速度指标包括资产周转率（次数）和资产周转期（天数）。资产周转率是一定时期资产平均余额与周转额的比率，是表示　　　　　　　的指标。资产周转期是用周转额的计算期除以计算期内资产周转次数，表示　　　　　　　。资产周转速度的计算公式是：　　　　　　　　　　　　　　　　　　　。计算期天数，从理论上说应使用计算期间的实际天数，但为了计算方便，全年按　　　　天计算，季度按　　　　天计算，月度按　　　　天计算。

视频：企业营运能力分析要点

**引导问题2**：简述影响营运能力的因素。

_____

_____

_____

**引导问题3**：总资产周转率是从资产流动性方面反映总资产的利用效率。其计算公式是：　　　　　　　　　　　。在营业收入一定的情况下，一个会计期间内，企业运营占用资产规模越　　　　，总资产周转率越　　　　，企业资产的利用效率越　　　　。若要减少资产的占用，则要从加快资金循环的角度入手。

**引导问题 4**：企业经营业绩的好坏最终可以通过企业的盈利能力来反映。无论是企业的经营管理者、债权人，还是股东（投资人），都非常关心企业的盈利能力，并重视对利润率及其变动趋势的分析与预测。请简要描述不同利益相关者进行营运能力分析的目的。

_____

_____

_____

**引导问题 5**：流动资产完成从_____到_____，再到_____这一循环过程，表明流动资产周转了 1 次，以产品实现销售为标志。

**引导问题 6**：流动资产垫支周转率的计算公式为：_____；流动资产垫支周转天数的计算公式为：_____。使用营业成本这一指标作为周转额是用来说明_____，反映出流动资产的纯粹周转速度。

**引导问题 7**：使用营业收入这一指标时，由于营业收入中包括了垫支资金以外的部分，如税金和利润等，因此，计算出来的流动资产周转速度是一种扩大形式的周转速度，既反映了流动资产的纯粹周转速度，又反映了流动资产利用的效益。因此，流动资产周转率的计算公式为：_____；流动资产周转天数的计算公式为：_____。

**引导问题 8**：影响流动资产周转率的因素：一是_____；二是_____。流动资产垫支周转率反映了流动资产的真正周转速度，成本收入率则说明了所费与所得之间的关系，反映出_____的利用效果。加速流动资产垫支周转速度必须以提高成本收入率为前提。当成本收入率大于 1 时，流动资产垫支周转速度越_____，流动资产营运能力越_____。

**引导问题 9**：请描述一个存货周转周期。

_____

**引导问题 10**：存货周转速度通常用营业成本与存货平均余额的比率来表示，以反映企业存货规模是否合适，周转速度如何。存货周转率的计算公式为：_____；存货周转天数的计算公式为：_____。

**引导问题 11**：讨论：导致存货周转速度降低的原因有哪些？

_____

_____

_____

**引导问题12**：应收账款周转率是指企业一定时期赊销收入净额与应收账款平均余额的比率，用以反映应收账款的收款速度，一般以周转次数来表示。其计算公式是：_____。

**引导问题13**：应收账款周转率高可能说明什么问题？

_____

_____

_____

**引导问题14**：营业周期是指企业从购入存货到生产、销售产品并最后收回现金所经历的时间。营业周期的计算公式为：_____。营业周期反映了_____。营业周期越短，说明资产的使用效率越_____。在其他条件不变的情况下，缩短营业周期将有助于提升企业的盈利能力。用营业周期减去应付账款周转期，即可得到企业的_____周转期。

**引导问题15**：固定资产周转率是指一定时期实现的营业收入与固定资产平均余额的比率。其计算公式是：_____。该指标意味着每1元的固定资产所产生的收入。

## 工作实施

搜集比亚迪（股票代码：002594）2018—2020年的年度报告，仔细研读年报相关内容，完成相关分析（表3-3-1）。该任务的实施可借助 Excel 或 PowerBI 等工具进行。

比亚迪年报

**表3-3-1 营运能力比率分析（简表）**

| 项目 | 2018年 | 2019年 | 2020年 |
|---|---|---|---|
| 总资产周转率 | | | |
| 流动资产周转率 | | | |
| 应收账款周转率 | | | |
| 存货周转率 | | | |
| 固定资产周转率 | | | |

**分析评价**：比亚迪公司的应收账款周转率2018年为_____，2019年为_____，2020年为_____，总体呈_____趋势，表明该企业_____；存货周转率2018年为_____，2019年为_____，2020年为_____，总体呈_____趋势，表明该企业_____；固定资产周转率2018年为_____，2019年为_____，2020年为_____，总体呈_____趋势，表明该企业_____。请全面分析报表附注，评

价比亚迪的营运能力状况，并分析指标变动的原因。

### 学习情境的相关知识点

## 一、营运能力分析目的

营运能力是指企业在经营过程当中使用资产获取回报的效率。企业的营运资产，主体是流动资产和固定资产。无形资产是企业资产的重要组成部分，并随着工业经济时代向知识经济时代转化，在企业资产中所占比重越来越大，而且在提高企业经济效益方面发挥了巨大的作用，但无形资产的作用多数情况下必须通过或依附于有形资产才能发挥出来。从这个意义上说，流动资产和固定资产构成了企业营运资产的主体，其营运状况将从根本上决定企业的经营状况和经济效益。

进行企业营运能力分析的主要目的是：

（1）评价企业资产的营运效率。生产企业的经营活动从采购原材料、购买固定资产开始，此时货币资金转化为实物资产。原材料被领用投入生产过程后，原材料存货转化为在产品存货。

（2）评价企业资产的营运效益。企业经营的根本目的是获取收益，通过开展经营活动以较少的投入获取较多的产出，从而实现收益最大化。

（3）挖掘企业资产利用的潜力。企业总体资产营运能力的高低，取决于各类资产营运能力的高低，也受到企业内外多种因素的影响。通过分析企业营运能力，可以了解企业资产利用方面存在的问题，尚有的潜力，进而采取有效措施，提高企业资产营运能力。

## 二、营运能力分析内容

企业营运能力通常使用资产周转速度指标来衡量。资产周转速度指标包括资产周转率（次数）和资产周转期（天数）。资产周转率是一定时期周转额与资产平均余额的比率，是用资产的占用量与运用资产所完成的工作量之间的关系来表示营运效率的指标。资产周转期是用周转额的计算期除以计算期内资产周转次数，表示资产周转使用一次所经历的时间。

资产周转速度的计算公式是：

$$资产周转率 = \frac{资产周转额}{资产平均余额}$$

$$资产周转期 = \frac{计算期天数}{资产周转率}$$

计算期天数，从理论上说应使用计算期间的实际天数，但为了计算方便，全年按 360 天计算，季度按 90 天计算，月度按 30 天计算。

资产平均余额，也称资产平均占用额或平均运用额。资产平均余额是反映企业一定时期资产占用的动态指标，从理论上说，应是计算期内资产余额的平均额。为了计算方便，通常按期初和期末的算术平均计算。具体计算公式是：

$$资产平均余额 = \frac{资产期初余额 + 期末余额}{2}$$

资产周转额，是指计算期内完成周转的资产金额。

### 1. 总资产周转率

总资产周转率是从资产流动性方面反映总资产的利用效率。其计算公式是：

$$总资产周转率 = \frac{营业收入}{总资产平均余额}$$

总资产周转速度也可以用周转期（天数）来表示。其计算公式是：

$$总资产周转天数 = \frac{计算期天数}{总资产周转率} = \frac{总资产平均余额 \times 计算期天数}{营业收入}$$

在营业收入一定的情况下，一个会计期间内，企业运营占用资产规模越小，总资产周转率越高，企业资产的利用效率越高。若要减少资产的占用，则要从加快资金循环的角度入手。企业资金循环包括短期资金循环和长期资金循环，长期资金循环必须依赖短期资金循环，因此，流动资产周转速度是决定企业总资产周转速度的关键性因素，下面的分解式可以反映出这种关系，也为进行总资产周转率分析、提高总资产周转速度指明了方向。

$$总资产周转率 = \frac{营业收入}{总资产平均余额}$$

$$= \frac{营业收入}{流动资产平均余额} \times \frac{流动资产平均余额}{总资产平均余额}$$

$$= 流动资产周转率 \times 流动资产占总资产的比重$$

上面的分解式表明，总资产周转速度取决于两大因素：一是流动资产周转率。流动资产的周转速度高于其他类资产的周转速度，就会使总资产周转速度加快；反之，则会使总资产周转速度减慢。二是流动资产占总资产的比重。由于流动资产周转速度快于其他类资产周转速度，所以，企业流动资产所占比例越大，总资产周转速度越快；反之，则越慢。

## 2. 流动资产周转率

流动资产完成从货币到商品，再到货币这一循环过程，表明流动资产周转了1次，以产品实现销售为标志。表示销售实现的指标有两个，即营业收入和营业成本。一般来说，使用营业成本这一指标作为周转额是用来说明垫支的流动资产周转速度，反映出流动资产的纯粹周转速度。如果使用营业收入这一指标，由于营业收入中包括了垫支资金以外的部分，如税金和利润等，因此，计算出来的流动资产周转速度是一种扩大形式的周转速度，既反映了流动资产的纯粹周转速度，又反映了流动资产利用的效益。实务中，在计算流动资产周转速度指标时，究竟是使用营业收入还是营业成本，应根据分析的具体目的而定。流动资产周转速度指标的具体计算公式如下：

$$流动资产周转率 = \frac{营业收入}{流动资产平均余额}$$

$$流动资产周转期 = \frac{计算期天数}{流动资产周转率} = \frac{流动资产平均余额 \times 计算期天数}{营业收入}$$

$$流动资产垫支周转率 = \frac{营业成本}{流动资产平均余额}$$

$$流动资产垫支周转期 = \frac{流动资产平均余额 \times 计算期天数}{营业成本}$$

为了分析流动资产周转速度变动的原因，找出加速流动资产周转的途径，根据流动资产周转速度指标的经济内容和内在联系，可将流动资产周转速度指标作如下分解。

$$流动资产周转率 = \frac{营业成本}{流动资产平均余额} \times \frac{营业收入}{营业成本}$$

$$= 流动资产垫支周转率 \times 成本收入率$$

以上分解式表明，影响流动资产周转率的因素：一是流动资产垫支周转率，二是成本收入率。流动资产垫支周转率反映了流动资产的真正周转速度，成本收入率则说明了所费与所得之间的关系，反映出流动资产的利用效果。加速流动资产垫支周转速度是手段，提高流动资产利用效果才是目的，因此，加速流动资产垫支周转速度必须以提高成本收入率为前提。当成本收入率大于1时，流动资产垫支周转速度越快，流动资产营运能力越强；反之，如果成本收入率小于1，企业所得补偿不了所费，流动资产垫支周转速度越快，企业亏损越多。

## 3. 存货周转率

企业存货的完整循环：投入货币资金购入生产经营所需的材料，形成材料存货；材料投入生产经营过程中进行加工，形成在产品存货；加工结束之后形成产成品存货，通过销售取得货币资金。当存货从一种形态转化为另一种形态的速度较快时，存货的周转速度就快。存货周转速度通常用营业成本与存货平均余额的比率来表示，以反映企业存货规模是否合适、周转速度如何。其表示方式有两种：

$$存货周转率 = \frac{营业成本}{存货平均余额}$$

$$存货周转期 = \frac{计算期天数}{存货周转率}$$

$$= \frac{存货平均余额 \times 计算期天数}{营业成本}$$

当存货周转速度下降或偏低时，可能由以下原因引起。

（1）存货管理方法落后。

（2）产品滞销，存货积压。

（3）预测存货将升值，囤积居奇。

（4）企业销售政策发生变化。

（5）会计核算范围或方法发生变化。

（6）存货账实不符，虚假挂账。

存货周转速度偏高并不一定代表企业经营出色。当企业为了扩大销路而降价销售或大量赊销时，营业利润会受到影响或会产生大量的应收账款。一个适度的存货周转率除参考企业的历史水平之外，还应参考同行业的平均水平。

### 4. 应收账款周转率

应收账款周转率是指企业一定时期赊销收入净额与应收账款平均余额的比率，用以反映应收账款的收款速度，一般以周转次数来表示。其计算公式是：

$$应收账款周转率 = \frac{赊销收入净额}{应收账款平均余额}$$

$$应收账款周转期 = \frac{计算期天数}{应收账款周转率}$$

### 5. 营业周期

营业周期是指企业从购入存货到生产、销售产品并最后收回现金所经历的时间。营业周期的计算公式为：

$$营业周期 = 存货周转期 + 应收账款周转期$$

营业周期反映了企业经营活动的效率。营业周期越短，说明资产的使用效率越高。在其他条件不变的情况下，缩短营业周期将有助于提升企业的盈利能力。通常企业还可以通过计算自身的营业周期，来确定合理的信用采购还款期限。如果企业在采购时，能够从供应商处获得不短于自身营业周期的延迟付款期限（即信用期限），那么意味着企业不需要额外筹集资金用于采购业务。用营业周期减去应付账款周转期，即可得到企业的现金周转期。

### 6. 固定资产周转率

固定资产周转率是指一定时期实现的营业收入与固定资产平均余额的比率。其计算公式是：

$$固定资产周转率 = \frac{营业收入}{固定资产平均余额}$$

该指标同固定资产产值率一样，其分母既可用原值表示，也可用净值表示。该指标意味着每 1 元的固定资产所产生的收入。

**素养提升**

创新思维，提高运营能力

丰田汽车创始人丰田喜一郎最早提出了 JIT（及时生产）的思想，大野耐一将这一思想发展成名扬天下的丰田模式。及时生产基本观点是有计划地消除所有的浪费，持续不断地提高生产效率。丰田公司关于 JIT 系统的定义是"只在必要的时间以必要的数量生产必要的物料"。大野耐一通过实践探索，不断优化生产流程，提高生产效率，缩短生产周期，减少库存积压，实现"有需要才生产"的目标。除此之外，大野耐一开始展开他的"供应链 JIT 改善"。大野运用自己的日平均生产计划，制订了给供应商"每天的零部件需要量都一样"的采购计划，并借此要求供应商拨出特定的设备。这一个策略非常巧妙地解决了"与供应商的其他客户共享设备资源，大家共同接受供应商的排产计划"的排队问题，大大缩短了丰田采购的周期，并因此而降低了丰田公司与供应商之间的零部件库存。因此，"用平准化订单，换取供应商提供专用设备的承诺，实现向供应商的直接拉动，缩短了采购周期、降低库存"。丰田汽车打破常规思维，不断提高生产效率和营运能力，打通上下游产业链，根据客户的需求生产，加上与供应商无缝对接，以最短的生产周期提供消费者需要的产品，并且几乎做到零库存。

# 学习任务四　发展能力比率分析

## 学习情境描述

根据比亚迪（股票代码：002594）的财务报告，搜集相关的财务数据信息，完成对比亚迪的发展能力比率分析，为公司投资决策提供支持。

## 学习目标

（1）掌握与上市公司发展能力相关的财务指标的计算方法。

（2）能够根据投资需求制定发展能力分析方案，并准确解读财务指标。

（3）能够准确描述发展能力分析结论，并给出相应的建议。

## 任务书

在比亚迪财务部门月度工作例会上，财务总监提到公司总经理要对公司的整体经营情况开展全面的调研，以全面掌握企业的经营状况，财务部将从财务角度提供相关的经营分析报告，为总经理的经营决策提供支持。前期，作为财务分析专员，你已经完成了企业盈利能力、偿债能力与营运能力分析，按照工作流程还需要对企业发展能力进行分析，并做出专业的分析报告。

## 获取信息

**引导问题 1**：评价企业的发展能力需要分析企业的整体发展能力，需要将股东权益增长率、利润增长率、收入增长率和资产增长率等发展能力指标综合起来分析，才能正确评价一个企业的整体发展能力。请进行小组讨论之后阐述发展能力整体分析的思路。

视频：企业发展能力分析要点

_____

_____

_____

_____

**引导问题 2**：股东权益的增加反映了股东财富的增加。股东权益的增加就是期初余额到期末余额的变化，利用股东权益增长率能够解释这种变化。股东权益增长率是本期股东权益增加额与股东权益期初余额之比，也叫_____，其计算公式为：_____。股东权益增长率越_____，表明企业本期股东权益增加得越_____；反之，股东权益增长率越_____，表明企业本期股东权益增加得越_____。

**引导问题 3**：股东权益增长率是受净资产收益率、股东净投资率、净损益占股东权益的比率这三个因素驱动的。其中净资产收益率反映了_____，股东净投资率反映了_____，而净损益占股东权益的比率则反映了_____。这三个比率的高低都反映了对股东权益增长的影响程度。

**引导问题4**：净利润增长率是本期净利润增加额与上期净利润之比，其计算公式为：_____。如果上期净利润为负值，则计算公式的分母应取其_____。该公式反映的是企业净利润的增长情况。净利润增长率为正数，则说明企业本期净利润增加，净利润增长率越_____，企业收益增长越_____；净利润增长率为负数，则说明企业本期净利润_____，收益降低。

**引导问题5**：在进行利润增长率分析时，应首先关注利润增长的来源。请简述利润增长的来源。

_____

_____

**引导问题6**：对企业利润增长率进行分析时，首先应该结合营业收入增长率对比分析：如果企业的营业利润增长率高于其营业收入增长率，则需要深入分析_____增长的来源究竟是属于日常经营活动，还是来自投资活动和筹资活动；反之，如果企业的营业利润增长率低于营业收入增长率，则说明_____，也说明企业盈利能力并不强，企业营业利润发展潜力受限，也有可能是因为企业发生了_____。其次，应该对_____、_____、_____等项目进行合理性分析，警惕企业通过投资活动和筹资活动操控利润行为。最后，为了更正确地反映企业净利润和营业利润的成长趋势，应将企业连续多期的净利润增长率和营业利润增长率指标进行对比分析，这样可以排除个别时期偶然性或特殊性因素的影响，从而更加全面、真实地揭示企业净利润和营业利润的增长情况。

**引导问题7**：收入增长率就是本期营业收入增加额与上期营业收入之比。其计算公式是：_____。该公式反映的是企业某期整体销售增长情况。收入增长率为正数，则说明企业本期销售规模_____，收入增长率越_____，企业营业收入增长越_____，销售情况越_____；收入增长率为负数，则说明企业销售规模_____，销售出现负增长，销售情况较差。

**引导问题8**：正常的情况下，一个企业的收入增长率应_____其资产增长率，只有在这种情况下，才说明企业在销售方面具有良好的成长性。企业收入增长率应当_____企业的成本增长率和费用增长率，否则可能是因为企业在产品成本、销售费用、管理费用、财务费用等方面控制不力。出现这种情况，企业需要采取有针对性的措施加以管控，否则可能会导致企业利润下降。

## 学习领域三 财务比率分析与综合分析

**引导问题9**：企业收入增长率应当_____企业的应收账款增长率和存货增长率。如果企业应收账款增长率_____企业收入增长率，表明企业信用风险开始产生，需要采取控制措施遏制这种风险的蔓延。同理，如果企业存货增长率_____企业收入增长率，则反映企业库存开始积压，需要采取措施消化库存，否则会影响企业资金使用效率，甚至导致企业出现亏损。

**引导问题10**：简述不同产品生命周期收入增长率的表现。

_____

_____

_____

**引导问题11**：资产增长率就是本期资产增加额与资产期初余额之比。其计算公式为：_____。资产增长率为正数，则说明企业本期资产规模_____，资产增长率越_____，资产规模增加幅度越大；资产增长率为负数，则说明企业本期资产规模_____，资产出现负增长。

**引导问题12**：只有在一个企业的销售增长、利润增长_____资产规模增长的情况下，这种资产规模增长才属于效益型增长，才是适当的、正常的。

**引导问题13**：因为企业的资产来源一般来自_____和_____，在其他条件不变的情形下，无论是增加负债规模还是增加所有者权益规模，都会提高资产增长率。如果一个企业资产的增长完全依赖于负债的增长，而所有者权益项目在年度里没有发生变动或者变动不大，则说明企业_____。从企业自身的角度来看，企业资产的增加应该主要取决于_____的增加。当然，盈利的增加能带来多大程度的资产增加还要视企业实行的股利政策而定。

### 工作实施

搜集比亚迪（股票代码：002594）2018—2020年的年度报告，仔细研读年报相关内容，完成相关分析（表3-4-1）。该任务的实施可借助 Excel 或 PowerBI 等工具进行。

比亚迪年报

**表3-4-1 发展能力分析（简表）**

| 项目 | 2018年 | 2019年 | 2020年 |
|---|---|---|---|
| 股东权益增长率 | | | |
| 利润增长率 | | | |
| 收入增长率 | | | |
| 资产增长率 | | | |

**分析评价**：比亚迪公司的利润增长率2018年为_____，2019年为_____，2020年为_____，总体呈_____趋势，表明该企业_____；资产增长率2018年为_____，2019年为_____，2020年为_____，总体呈_____趋势，表明该企业_____；因此，从上述指标中可以看出，该企业的发展能力_____。

## 学习情境的相关知识点

## 一、企业发展能力分析目的

企业所追求的目标通常可以概括为生存、发展与获利。发展对于企业至关重要性，它是企业实现盈利的根本途径。发展能力通常是指企业未来生产经营活动的发展趋势和发展潜能，也可以称为企业增长能力。企业应该追求健康的、可持续的增长，这需要管理者利用股东和债权人的资本进行有效运营，合理控制成本，增加收入，获得利润，在补偿了债务资本成本之后实现股东财富增加，进而提高企业价值。这种增长的潜力就是企业的发展能力，对这种能力进行分析便能对企业的未来成长性进行预测，从而评估企业价值。可见，企业发展能力分析具有重要意义。通过分析企业发展能力，可以实现以下目的。

**1. 补充和完善传统财务分析**

一方面，传统的财务分析侧重回顾过去，但财务分析的最大贡献不在于了解过去，而是预测未来，而企业发展能力分析是展望未来，这种对企业未来发展的预期满足了报表使用者的需求；另一方面，传统财务分析从静态角度分析盈利能力、营运能力以及偿债能力，而发展能力分析则是从动态角度分析这三种能力。

**2. 为预测分析与价值评估做铺垫**

企业发展能力分析并不是对报表项目逐一进行分析，而是根据收入、利润、股东权益和资产之间的联系使这些财务数据相互贯通，从而衡量企业的增长。而从企业发展能力分析中得出的增长率数据将是后续一系列预测分析和价值评估工作的基础数据来源，对以预测分析为基础的价值评估而言十分重要。

**3. 满足相关利益者的决策需求**

对于股东而言，可以通过发展能力分析衡量企业创造股东价值的能力，从而为采取下一步战略行动提供依据；对于潜在的投资者而言，可以通过发展能力分析评价企业的成长性，从而选择合适的目标企业做出正确的投资决策；对于经营者而言，可以通过发展能力分析发现影响企业未来发展的关键因素，从而采取正确的经营策略和财务策略以促进企业可持续增长；对于债权人而言，可以通过发展能力分析判断企业未来的盈利能力，从而做出正确的信贷决策。

## 二、发展能力分析内容

评价企业的发展能力,需要分析企业的整体发展能力。其原因在于:其一,股东权益增长率、利润增长率、收入增长率和资产增长率等指标,只是从股东权益、利润、收入和资产等不同的侧面考察了企业的发展能力,不足以涵盖企业发展能力的全部;其二,股东权益增长率、利润增长率、收入增长率和资产增长率等指标之间存在相互作用、相互影响的关系,不能截然分开。因此,在实际运用时,只有把四种类型的增长率指标相互联系起来进行综合分析,才能正确评价一个企业的整体发展能力。那么,应该如何分析企业的整体发展能力呢?

(1) 分别计算股东权益增长率、利润增长率、收入增长率和资产增长率等指标的实际值。

(2) 分别将上述增长率指标实际值与以前不同时期增长率数值、同行业平均水平进行比较,分析企业在股东权益、利润、收入和资产等方面的发展能力。

(3) 分析股东权益增长率、利润增长率、收入增长率和资产增长率等指标之间的关系,判断不同方面增长的效益性以及它们之间的协调性。

(4) 根据以上分析结果,运用一定的分析标准,判断企业的整体发展能力。一般而言,只有企业的股东权益增长率、资产增长率、收入增长率、利润增长率保持同步增长,且不低于行业平均水平,才可以判断这个企业具有良好的发展能力。

### 1. 股东权益增长率

股东权益增长率是本期股东权益增加额与股东权益期初余额之比,也叫作资本积累率,其计算公式如下:

$$股东权益增长率 = \frac{本期股东权益增加额}{股东权益期初余额}$$

股东权益增长率越高,表明企业本期股东权益增加得越多;反之,股东权益增长率越低,表明企业本期股东权益增加得越少。由于股东权益变动表反映了股东权益在会计期间发生增减变化的原因,因此可以结合股东权益变动表对股东权益增长率进行分析。综合而言,股东权益的增加主要来源于经营活动产生的净利润、融资活动产生的对股东的净支付以及直接计入股东权益的利得和损失。所谓股东的净支付就是股东对企业当年的新增投资扣除当年发放的股利。这样股东权益增长率还可以表示为:

$$股东权益增长率 = \frac{净利润 + (股东新增投资 - 支付股东股利) + 直接计入股东权益的利得和损失}{股东权益期初余额}$$

$$= 净资产收益率 + 股东净投资率 + 净损益占股东权益的比率$$

净资产收益率、股东净投资率和净损益占股东权益的比率都是以股东权益期初余额作为分母计算的。从公式中可以看出,股东权益增长率是受净资产收益率、股东净投资率、净损益占股东权益的比率这三个因素驱动的。其中,净资产收益率反映了企业运用股东投入资本创造收益的能力，股东净投资率反映了企业利用股东新投资的程度，而净损益占股东权益的比率则反映了直接计入股东权益的利得和损失在股东权益中所占的份额。这三个比率的高低都反映了对股东权益增长的影响程度。

**2. 利润增长率**

由于净利润是企业经营业绩的综合呈现，净利润的增长是企业成长性的基本表现，因此在实际当中，主要采用净利润增长率进行利润增长能力分析。净利润增长率是本期净利润增加额与上期净利润之比，其计算公式如下：

$$净利润增长率 = \frac{本期净利润增加额}{上期净利润}$$

如果上期净利润为负值，则计算公式的分母应取其绝对值。该公式反映的是企业净利润的增长情况。净利润增长率为正数，则说明企业本期净利润增加，净利润增长率越大，说明企业收益增长越多；净利润增长率为负数，则说明企业本期净利润减少，收益降低。

如果一个企业营业收入增长，但利润并未增长，那么从长远看，它并没有增加股东权益。同样，如果一个企业净利润增长，但营业收入并未增长，也就是说净利润的增长并不是来自营业收入，很可能是来自非经常性收益项目，如资产重组收益、债务重组收益、财政补贴等项目，那么这样的增长因素对于企业而言往往是不可持续的，因为非经常性损益并不代表企业真实的盈利能力，具有较大的偶然性和意外性。

当然，除了分析净利润增长以外，为了观察其具体的构成，还应进一步分析营业利润增长率等指标，利用营业利润增长率这一指标可以更好地考察企业利润的增长情况。营业利润增长率是本期营业利润增加额与上期营业利润之比，其计算公式如下：

$$营业利润增长率 = \frac{本期营业利润增加额}{上期经营利润}$$

如果上期营业利润为负值，则计算公式的分母应取其绝对值。该公式反映的是企业营业利润的增长情况。营业利润增长率为正数，则说明企业本期营业利润增加，营业利润增长率越大，企业收益增长越多；营业利润增长率为负数，则说明企业本期营业利润减少，收益降低。

在进行利润增长率分析时，应首先关注利润增长的来源。从利润表来看，利润增长大致来源于三个方面：一是企业正常经营活动带来的利润增长。这种增长代表企业发展能力具有可持续性。二是不构成企业日常经营活动的投资活动产生的收益，在利润表中常体现在投资收益、公允价值变动损益、资产处置收益等项目。应对这部分收益带来的营业利润增长的合理性保持警惕，因为企业很可能会通过投资活动和筹资活动收益操控利润。三是非经常性收益项目。这是指那些具有较大偶然性和意外性的收益，如债务重组收益、非流动资产毁损报废利得等。这些收益的产生虽然会导致净利润增加，但它们并不能代表企业真实的盈利能力，由此带来的增长也是无法持续保持的。

对企业利润增长率进行分析时,首先应该结合营业收入增长率对比分析:如果企业的营业利润增长率高于其营业收入增长率,则需要深入分析营业利润增长的来源究竟是属于日常经营活动,还是来自投资活动和筹资活动;反之,如果企业的营业利润增长率低于营业收入增长率,则说明企业营业成本、销售费用、管理费用、财务费用等成本费用项目上升超过了营业收入的增长,企业盈利能力并不强,企业营业利润发展潜力受限,但也有可能是因为企业发生了投资损失。其次,应该对投资收益、公允价值变动损益、资产处置收益等项目进行合理性分析,警惕企业通过投资活动和筹资活动操控利润行为。最后,为了更正确地反映企业净利润和营业利润的成长趋势,应将企业连续多期的净利润增长率和营业利润增长率指标进行对比分析,这样可以排除个别时期偶然性或特殊性因素的影响,从而更加全面、真实地揭示企业净利润和营业利润的增长情况。

### 3. 收入增长率

收入是利润的源泉,对利润增长的分析还需要结合对收入增长的分析。企业的销售情况越好,说明其在市场所占份额越大,实现的营业收入也就越多,企业生存和发展的市场空间也就越大,因此可以用收入增长率来反映企业在销售方面的发展能力。收入增长率就是本期营业收入增加额与上期营业收入之比。其计算公式如下:

$$收入增长率 = \frac{本期营业收入增加额}{上期营业收入}$$

需要说明的是,如果上期营业收入为负值,则计算公式的分母应取其绝对值。该公式反映的是企业某期整体销售增长情况。收入增长率为正数,说明企业本期销售规模扩大,收入增长率越大,企业营业收入增长越快,销售情况越好;收入增长率为负数,则说明企业销售规模缩小,销售出现负增长,销售情况较差。

### 4. 资产增长率

企业要增加收入,就需要通过增加资产投入来实现。可以利用资产增长率指标反映企业在资产投入方面的增长情况。资产增长率就是本期资产增加额与资产期初余额之比。其计算公式如下:

$$资产增长率 = \frac{本期资产增加额}{资产期初余额}$$

资产增长率是用来考核企业资产投入增长幅度的财务指标。资产增长率为正数,则说明企业本期资产规模增加,资产增长率越大,资产规模增加幅度越大;资产增长率为负数,则说明企业本期资产规模缩减,资产出现负增长。在对资产增长率进行具体分析时,应该注意以下几点。

(1)企业资产增长率高并不意味着企业的资产规模增长就一定适当。评价一个企业的资产规模增长是否适当,必须与销售增长、利润增长等情况结合起来分析。只有在一个企业的销售增长、利润增长超过资产规模增长的情况下,这种资产规模增长才属于效益型增长,才是适当的、正常的。

(2) 正确分析企业资产增长的来源。因为企业的资产来源一般来自负债和所有者权益,在其他条件不变的情形下,无论是增加负债规模还是增加所有者权益规模,都会提高资产增长率。如果一个企业资产的增长完全依赖于负债的增长,而所有者权益项目在年度里没有发生变动或者变动不大,则说明企业不具备良好的发展潜力。从企业自身的角度来看,企业资产的增加应该主要取决于企业盈利的增加。当然,盈利的增加能带来多大程度的资产增加还要视企业实行的股利政策而定。

(3) 为全面认识企业资产规模的增长趋势和增长水平,应对企业不同时期的资产增长率加以比较。因为一个健康的处于成长期的企业,其资产规模应该是不断增长的,如果时增时减,则反映企业的经营业务并不稳定,同时也说明企业并不具备良好的发展能力。所以只有将一个企业不同时期的资产增长率加以比较,才能正确评价企业资产规模的发展能力。

## 素养提升

### 格力的多元化发展之路

格力作为国内空调行业的龙头企业,它的发展也历经了坎坷,2002 年,格力向日本某企业购买压缩机技术被拒,这让格力意识到,掌握核心技术才是制造企业的根本和尊严所在。这件事情也成为格力自主创新的一个新的转折点。随后,格力提出了"掌握核心科技"的目标,科研投入实行"按需分配,不设上限"的原则。格力核心竞争力不断提升,市场销量也与其他品牌拉开差距,格力成为名副其实的全球空调行业领军者。

多年来,格力自主研发掌握核心技术,实现众多的技术突破,引领中国企业从"中国制造"向"中国创造"跨越。在"技术相关多元化"的基础上,如空调技术、模具技术、装备制造技术、新能源技术,形成"业态相关多元化"。

从一家专业生产空调的小企业成长为产业多元的精工制造企业,格力发展的秘诀在于:自主创新。因此,企业应加强对自身能力的提升,走自主创新的多元化发展之路。

# 学习任务五　杜邦分析体系

## 学习情境描述

根据比亚迪（股票代码：002594）的财务报告，搜集相关的财务数据与非财务信息，完成对比亚迪的杜邦分析体系，为公司投资决策提供支持。

## 学习目标

（1）掌握杜邦分析的原理及步骤。

（2）掌握杜邦分析指标计算及分析。

（3）能够团队合作通过杜邦分析对企业财务状况进行评估，并完成综合分析报告撰写。

## 任务书

在比亚迪财务部门月度工作例会上，财务总监提到公司总经理要对公司的整体经营情况开展全面的调研，以全面掌握企业的经营状况，财务将从财务角度提供相关的经营分析报告，为总经理的经营决策提供支持。前期，作为财务分析专员，你已经完成了企业四大财务报表的初步分析与项目分析，完成了财务比率分析，按照工作流程还需要利用杜邦分析法进行财务综合分析。

## 获取信息

**引导问题 1**：我们前面之前已经学习了关于偿债能力、盈利能力、营运能力、发展能力的主要财务比率，利用这些主要的财务比率之间的内在关系来综合分析企业的财务状况的综合分析法叫作_____。

视频：企业杜邦分析体系概述

**引导问题 2**：杜邦分析法是以_____为企业的核心能力，以_____为核心财务指标，根据盈利能力、资产管理和债务管理三者之间的内在联系，对企业的财务状况和经营成果进行综合、系统的分析和评价的一种方法。

**引导问题 3**：杜邦分析体系的基本框架是一个多层次的财务比率分解体系，各项财务比率可以在每个层次上与_____比较，然后向下一级继续分解，逐步覆盖企业经营活动的每一个环节，实现系统、全面评价企业财务状况、财务成果的基本目的。

**引导问题 4**：净资产收益率是综合性最强的财务比率，也是综合分析的核心。净资产收益率反映_____

_____

净资产收益率的提高是所有者财富最大化的基本特征。

**引导问题 5**：净资产收益率可以写成净利润与_____的比值。净资产收益率还可以进一步拆分成总资产净利率和_____。总资产净利率是由_____和_____的乘积决定的。因此，净资产收益率的计算公式可以进一步写成：_____。公式中，_____主要反映了企业的盈利能力状况；_____反映了企业的营运能力状况；_____反映了企业的偿债能力情况。

引导问题6：销售净利率是反映企业盈利能力的重要指标，销售净利率是_____与_____的比值。一般来说，销售收入增加，企业的净利润也会_____，但是要提高销售净利率，必须一方面提高_____，另一方面降低_____。扩大营业收入可以通过_____来实现，而降低成本取决于加强企业的成本费用控制，比如：_____
_____

引导问题7：总资产周转率是反映_____的重要指标，它是_____和_____的比值。因此，对企业运营能力方面主要分析两部分内容：一是企业总资产。企业总资产由_____和_____组成。_____体现企业的偿债能力和变现能力，_____体现企业的经营规模、发展潜力和盈利能力。如果企业持有大量的流动资产，可能会_____；反之，如果非流动资产比重过大，则会_____。因此流动资产与非流动资产两者应有一个合理的比例关系。通过分析资产结构可以发现企业资产管理中存在的问题和不足，为最终提高企业的经营业绩指明方向。二是企业的资产周转情况。资产周转速度直接影响到企业的获利能力，如果企业资产周转速度较慢，就会_____。

引导问题8：权益乘数主要反映了企业的_____，它是_____和_____的比值。权益乘数受到资产负债率的影响。资产负债率越高，权益乘数就_____，说明企业运用外部资金为所有者赚取额外利润的能力越强，同时财务风险也_____。资产负债率越低，权益乘数就_____，同时财务风险会_____。所以权益乘数对提高资产收益率起到了杠杆作用，企业适度开展负债经营，合理安排企业资本结构，一方面可以保障企业债务的安全，另一方面还可以_____净资产收益率。

引导问题9：从企业绩效评价的角度来看，杜邦分析法只包括财务方面的信息，不能全面反映企业的实力，有很大的局限性，在实际运用中需要加以注意，必须结合企业的其他信息加以分析。这些局限性主要表现在哪些方面？

## 工作实施

搜集比亚迪（股票代码：002594）2019—2020 年的年度报告及其他非财务信息，仔细研读年报相关内容，完成杜邦分析（表 3-5-1～表 3-5-3，图 3-5-1、图 3-5-2）。

比亚迪年报

表 3-5-1 杜邦分析数据表

单位：亿元

| 项目 | 2019 年 | 2020 年 |
| --- | --- | --- |
| 总资产 | | |
| 所有者权益 | | |
| 净利润 | | |
| 销售收入 | | |

表 3-5-2 杜邦分析指标计算表

| 项目 | 2019 年 | 2020 年 |
| --- | --- | --- |
| 销售净利率 | | |
| 总资产周转率 | | |
| 总资产净利率 | | |
| 权益乘数 | | |
| 净资产收益率 | | |

表 3-5-3 其他重要指标计算表

| 项目 | 2019 年 | 2020 年 |
| --- | --- | --- |
| 存货周转率 | | |
| 应收账款周转率 | | |
| 流动资产周转率 | | |
| 固定资产周转率 | | |

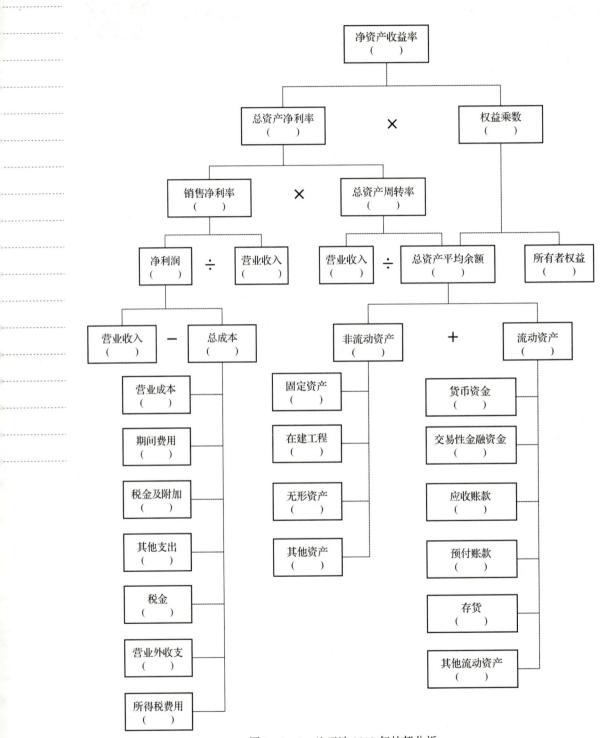

图 3-5-1 比亚迪 2019 年杜邦分析

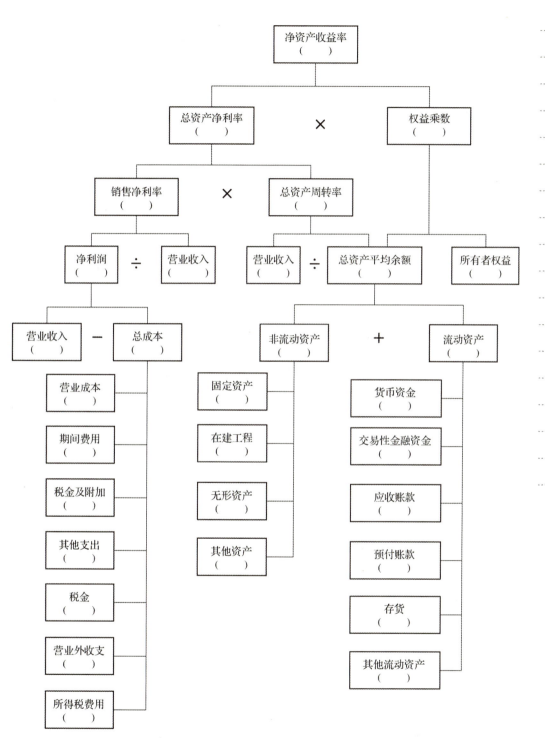

图 3-5-2 比亚迪 2020 年杜邦分析

**分析评价**：分析对象（净资产收益率的变化）：_____

销售净利率的变动对净资产收益率的影响 = _____
_____

总资产周转率的变动对净资产收益率的影响 = _____
_____

权益乘数的变动对净资产收益率的影响 = _____
_____

三个因素对净资产收益率的共同影响 = _____
_____

结果显示：比亚迪的净资产收益率 2020 年为_____，说明比亚迪公司的盈利能力_____。通过分析可知三项指标均存在不同变化。

（1）销售净利率有所_____，对净资产收益率的影响_____，使得净资产收益率_____。通过对利润表的分析可知，公司的营业利润增加了_____亿元，联系同期的营业总收入和营业总成本可以看出，营业总收入呈现了_____趋势，营业总成本呈现了_____趋势，但是_____的趋势较快，所以使得净利润_____。

（2）总资产周转率有所_____，对净资产收益率的影响_____，使得净资产收益率_____。总资产周转率的_____说明公司的资产管理水平_____。结合流动资产和固定资产周转率的计算以及资产负债表的分析可知：固定资产周转率由 2019 年的_____到 2020 年的_____，上升了_____；存货周转率由 2019 年的_____到 2020 年的_____，上升了_____；应收账款周转率由 2019 年的_____到 2020 年的_____，上升了_____；两项关键流动资产周转率都有所_____，所以公司流动资产的周转率_____，说明公司流动资产管理水平_____。

（3）权益乘数由 2019 年的_____到 2020 年的_____，减少了_____，使得净资产收益率下降了_____。权益乘数的下降说明公司对负债的依赖减弱。通过分析资产负债表可以得知：公司的资产负债率从 2019 年的_____到 2020 年的_____，变化了_____，说明公司偿债能力有所加强，对负债的依赖相对减弱。虽然权益乘数的下降会导致净资产收益率_____，但是由于其下降幅度_____，而销售净利率和总资产周转率_____，所以总体净资产周转率是_____。

**学习情境的相关知识点**

# 一、杜邦分析法的含义

杜邦分析法是以盈利能力为企业的核心能力，以净资产收益率为核心财务指标，根据盈利能力、资产管理和债务管理三者之间的内在联系，对企业的财务状况和经营成果进行综合、系统的分析和评价的一种方法。

杜邦分析法从评价企业绩效最具有综合性和代表性的指标——净资产收益率出发，层层分析至企业最基本生存要素的使用、成本与费用的构成和企业的风险，从而满足通过财务分析进行绩效评价的需要。在经营目标发生异常时，借助杜邦分析法，经营者能够及时查明原因并加以纠正。杜邦分析法可以为投资者、债权人和政府等报表使用者评价企业提供依据。

## 二、杜邦分析法的指标确定与分析

### （一）净资产收益率

净资产收益率反映了投资者投入资本的获利能力，具有很强的综合性和代表性，是杜邦分析体系的核心指标。而杜邦分析体系的核心在于将净资产收益率分解为总资产净利率和权益乘数，因此净资产收益率水平就取决于企业资产总体的盈利能力和资本结构的优化程度。而总资产净利率又进一步分解为销售净利率和总资产周转率，将影响企业净资产收益率的因素进一步细化为企业的盈利水平、总资产的利用效率以及资本结构。销售净利率反映企业的盈利能力；资产周转率反映企业资产的管理能力；权益乘数反映企业的偿债能力。这样分解之后，可以找到影响净资产收益率高低的原因及发生变化的具体因素，从而提供了比单一指标更丰富的信息。

杜邦分析法的系列公式计算如下：

$$净资产收益率 = \frac{净利润}{净资产平均余额}$$

$$= \frac{净利润}{总资产} \times \frac{总资产}{净资产平均余额}$$

$$= 总资产净利率 \times 权益乘数$$

$$= \frac{净利润}{营业收入} \times \frac{营业收入}{总资产平均余额} \times 权益乘数$$

$$= 销售净利率 \times 总资产周转率 \times 权益乘数$$

### （二）销售净利率

销售净利率是衡量企业盈利能力的重要指标，它反映了企业经营活动的成果，受净利润与营业收入两个因素的影响，而净利润又受收入和费用的影响。一般来说，营业收入增加，企业的净利润也会随之增加，但是要提高销售净利率，必须一方面提高营业收入，另一方面降低各种成本费用，这样才能使净利润的增长高于营业收入的增长，从而使销售净利率得到提高。

### （三）总资产周转率

总资产周转率是反映企业营运能力的重要指标。资产周转率是企业资产管理水平的重要体现。周转率越高，表明资产周转速度越快，在一定时期就能为企业带来更多的收益，并提升企业整体资产的流动性。提高资产周转率，不但能提升企业的盈利能力，还能提高企业的偿债能力。一般情况下，要注意企业不同资产的合理配置问题，特别要注意流动资产与非流动资产的比例，流动资产体现企业的偿债能力和变现能力，非流动资产体现企业的经营规模、发展潜力和盈利能力。如果企业持有大量的流动资产，可能会影响企业的获利能力。反之，如果非流动资产比重过大，则会影响企业的经营周转和偿债能力。

### （四）权益乘数

权益乘数是反映企业杠杆程度及偿债能力的重要指标。它与资产负债率呈同方向变动。资产负债率越高，权益乘数越大，说明负债给企业带来较多的财务杠杆效应。利用负债经营成功了，可以为让股东收益成倍增长；如果利用负债经营不成功，则会让股东收益大幅下降。负债规模过高，还会让企业承受巨大财务风险。资产负债率越低，则权益乘数越小，说明企业财务风险越低，但是获得的杠杆效应也越小。因此，保持适当的权益乘数，合理安排企业的资本结构，一方面可以保障企业债务的安全，另一方面还可以提高净资产收益率。

$$权益乘数 = \frac{总资产}{净资产平均余额}$$

## 三、杜邦分析法的缺点

从企业绩效评价的角度来看，杜邦分析法只包括财务方面的信息，不能全面反映企业的实力，有很大的局限性，在实际运用中需要加以注意，必须结合企业的其他信息加以分析。主要表现在：

（1）对短期财务结果过分重视，有可能助长公司管理层的短期行为，忽略企业长期的价值创造。

（2）财务指标反映的是企业过去的经营业绩，在工业时代能够满足衡量要求，但在信息时代，顾客、供应商、雇员、技术创新等因素对企业经营业绩的影响越来越大，而杜邦分析法在这些方面是无能为力的。

（3）在市场环境中，企业的无形资产对提高企业长期竞争力至关重要，杜邦分析法却不能解决无形资产的估值问题。

> **素养提升**
>
> 会计人员应有良好的分析判断能力，使企业在不断的上升中得到平衡。对企业或集团的财务报表分析，要能够看到企业的弱点，并能提出建设性的建议，使企业不断攀升。

# 学习领域四

# 投资分析与决策

## 学习任务一　行业整体分析

### 学习情境描述

AJHXJL 矿业科技有限公司于 2003 年成立,是一家集矿山采选技术研究、矿产资源勘查、矿山设计、矿山投资开发、矿产品加工和销售于一体的集团化企业。

情境导入：AJHXJL 矿业公司的简介

公司财务部在物色新的投资对象,因为有色金属冶炼及压延加工业是该公司的下游行业,公司想从该行业中筛选出一个综合能力表现优秀的企业进行投资。请对该行业进行盈利能力、偿债能力、营运能力、发展能力分析,了解行业整体情况。

### 学习目标

（1）了解财务分析的目的以及投资方的投资需求。
（2）掌握并运用财务报表分析中所涉及的基本财务比率。
（3）能够根据投资需求制定财务比率分析方案。
（4）能够团队合作完成行业财务比率计算与分析。

### 任务书

作为公司的财务分析专员,你要根据投资需求制定行业整体情况分析方案,并提取行业相关数据,按照分析方案对行业整体情况进行深入分析,并给出相关分析结论。

### 获取信息

引导问题 1：一家上市公司对外公开的财务报告,包括财务报表和其他财务报告。财务报表分为基本财务报表和财务报表附注,上市公司公开的基本财务报表包括_____、_____、_____和_____；其他财务报告包含了表外披露的相关信息及企业的辅助信息。财务报告具体可细分为审计报告、财

视频：企业行业能力分析要点

务报表和附注。

**引导问题2**：对企业进行财务分析首先要找到财务分析的主体，包括投资者、债权人、企业经营管理者、政府机构及与企业有利益关系的人。投资者会关注投资对象的哪些状况和能力，以维护自身的目标得以实现？

_____

_____

**引导问题3**：财务报表分析的方法主要有横向结构分析、纵向结构分析和财务比率分析等。财务比率是利用财务报表项目计算出一系列反映企业财务能力的各项指标，这是财务分析中最常用的方法，其具体内容包含了_____能力分析、_____能力分析、_____能力分析和_____能力分析。

**引导问题4**：我们之前已经学习了企业偿债能力分析、盈利能力分析、营运能力分析、发展能力分析，并且已经掌握了各个能力分析的相关指标。而对于企业而言，需要对企业整体财务状况进行系统把握，结合更多的指标进行分析，这种分析方法我们叫作_____。

**引导问题5**：请同学们思考一下，财务比率分析与财务报表项目分析相比，有什么异同点？

_____

_____

_____

**引导问题6**：请写出你认为最能反映企业偿债能力的财务比率。其计算公式是什么，如何解读？

_____

_____

_____

**引导问题7**：请写出你认为最能反映企业盈利能力的财务比率。其计算公式是什么，如何解读？

_____

_____

_____

**引导问题 8**：请写出你认为最能反映企业营运能力的财务比率。其计算公式是什么，如何解读？

**引导问题 9**：请写出你认为最能反映企业发展能力的财务比率。其计算公式是什么，如何解读？

**引导问题 10**：财务比率分析方法虽然可以对企业财务报表进行一个整体的分析，但是仍存在自身的局限性，请简述财务比率分析方法的局限性。

## 工作实施

搜集有色金属冶炼及压延加工行业 2019—2021 年相关企业数据，从投资者角度完成相关分析（表 4-1-1～表 4-1-12）。该任务的实施可借助 Excel 或 PowerBI 等工具进行。

有色金属冶炼及压延加工业相关数据

## 一、行业盈利能力分析

表 4-1-1　有色金属冶炼及压延加工业 2021 年度盈利能力分析（简表）

| 企业 / 项目 | | | | | | |
|---|---|---|---|---|---|---|
| 净资产收益率 | | | | | | |
| 资本保值增值率 | | | | | | |
| 总资产报酬率 | | | | | | |
| 销售毛利率 | | | | | | |
| 营业利润率 | | | | | | |
| 销售净利率 | | | | | | |
| 成本费用利润率 | | | | | | |

表4-1-2 有色金属冶炼及压延加工业2020年度盈利能力分析（简表）

| 项目＼企业 | | | | | | | | | |
|---|---|---|---|---|---|---|---|---|---|
| 净资产收益率 | | | | | | | | | |
| 资本保值增值率 | | | | | | | | | |
| 总资产报酬率 | | | | | | | | | |
| 销售毛利率 | | | | | | | | | |
| 营业利润率 | | | | | | | | | |
| 销售净利率 | | | | | | | | | |
| 成本费用利润率 | | | | | | | | | |

表4-1-3 有色金属冶炼及压延加工业2019年度盈利能力分析（简表）

| 项目＼企业 | | | | | | | | | |
|---|---|---|---|---|---|---|---|---|---|
| 净资产收益率 | | | | | | | | | |
| 资本保值增值率 | | | | | | | | | |
| 总资产报酬率 | | | | | | | | | |
| 销售毛利率 | | | | | | | | | |
| 营业利润率 | | | | | | | | | |
| 销售净利率 | | | | | | | | | |
| 成本费用利润率 | | | | | | | | | |

**分析评价**：请根据相关数据做出趋势分析图，并根据趋势图给出分析结论。（例如：×××公司×××指标偏高（偏低），说明……。×××公司×××指标偏高（偏低），说明……。综合以上指标情况可以得出结论为：……）

_____
_____
_____
_____

## 二、行业偿债能力分析

### 表4-1-4 有色金属冶炼及压延加工业2021年度偿债能力分析（简表）

| 项目＼企业 | | | | | | | | | |
|---|---|---|---|---|---|---|---|---|---|
| 流动比率 | | | | | | | | | |
| 速动比率 | | | | | | | | | |
| 现金比率 | | | | | | | | | |
| 现金流动负债比率 | | | | | | | | | |
| 资产负债率 | | | | | | | | | |
| 股东权益比率 | | | | | | | | | |
| 产权比率 | | | | | | | | | |
| 销售利息比率 | | | | | | | | | |
| 已获利息倍数 | | | | | | | | | |
| 现金债务总额比率 | | | | | | | | | |

### 表4-1-5 有色金属冶炼及压延加工业2020年度偿债能力分析（简表）

| 项目＼企业 | | | | | | | | | |
|---|---|---|---|---|---|---|---|---|---|
| 流动比率 | | | | | | | | | |
| 速动比率 | | | | | | | | | |
| 现金比率 | | | | | | | | | |
| 现金流动负债比率 | | | | | | | | | |
| 资产负债率 | | | | | | | | | |
| 股东权益比率 | | | | | | | | | |
| 产权比率 | | | | | | | | | |
| 销售利息比率 | | | | | | | | | |
| 已获利息倍数 | | | | | | | | | |
| 现金债务总额比率 | | | | | | | | | |

表4-1-6  有色金属冶炼及压延加工业2019年度偿债能力分析（简表）

| 企业<br>项目 | | | | | | | | |
|---|---|---|---|---|---|---|---|---|
| 流动比率 | | | | | | | | |
| 速动比率 | | | | | | | | |
| 现金比率 | | | | | | | | |
| 现金流动负债比率 | | | | | | | | |
| 资产负债率 | | | | | | | | |
| 股东权益比率 | | | | | | | | |
| 产权比率 | | | | | | | | |
| 销售利息比率 | | | | | | | | |
| 已获利息倍数 | | | | | | | | |
| 现金债务总额比率 | | | | | | | | |

**分析评价**：请根据相关数据做出趋势分析图，并根据趋势图给出分析结论。（例如：×××公司×××指标偏高（偏低），说明……。×××公司×××指标偏高（偏低），说明……。综合以上指标情况可以得出结论为：……）

## 三、行业营运能力分析

表4-1-7  有色金属冶炼及压延加工业2021年度营运能力分析（简表）

| 企业<br>项目 | | | | | | | | |
|---|---|---|---|---|---|---|---|---|
| 总资产周转率 | | | | | | | | |
| 流动资产周转率 | | | | | | | | |
| 应收账款周转率 | | | | | | | | |
| 存货周转率 | | | | | | | | |
| 固定资产周转率 | | | | | | | | |

表4-1-8　有色金属冶炼及压延加工业2020年度营运能力分析（简表）

| 项目＼企业 | | | | | | | |
|---|---|---|---|---|---|---|---|
| 总资产周转率 | | | | | | | |
| 流动资产周转率 | | | | | | | |
| 应收账款周转率 | | | | | | | |
| 存货周转率 | | | | | | | |
| 固定资产周转率 | | | | | | | |

表4-1-9　有色金属冶炼及压延加工业2019年度营运能力分析（简表）

| 项目＼企业 | | | | | | | |
|---|---|---|---|---|---|---|---|
| 总资产周转率 | | | | | | | |
| 流动资产周转率 | | | | | | | |
| 应收账款周转率 | | | | | | | |
| 存货周转率 | | | | | | | |
| 固定资产周转率 | | | | | | | |

**分析评价**：请根据相关数据做出趋势分析图，并根据趋势图做出分析结论。（例如：×××公司×××指标偏高（偏低），说明……。×××公司×××指标偏高（偏低），说明……。综合以上指标情况可以得出结论为：……）

_____

_____

_____

## 四、行业发展能力分析

表4-1-10　有色金属冶炼及压延加工业2021年度发展能力分析（简表）

| 项目＼企业 | | | | | | | |
|---|---|---|---|---|---|---|---|
| 股东权益增长率 | | | | | | | |

续表

| 项目＼企业 | | | | | | | | | |
|---|---|---|---|---|---|---|---|---|---|
| 利润增长率 | | | | | | | | | |
| 收入增长率 | | | | | | | | | |
| 资产增长率 | | | | | | | | | |

表4-1-11　有色金属冶炼及压延加工业2020年度发展能力分析（简表）

| 项目＼企业 | | | | | | | | | |
|---|---|---|---|---|---|---|---|---|---|
| 股东权益增长率 | | | | | | | | | |
| 利润增长率 | | | | | | | | | |
| 收入增长率 | | | | | | | | | |
| 资产增长率 | | | | | | | | | |

表4-1-12　有色金属冶炼及压延加工业2019年度发展能力分析（简表）

| 项目＼企业 | | | | | | | | | |
|---|---|---|---|---|---|---|---|---|---|
| 股东权益增长率 | | | | | | | | | |
| 利润增长率 | | | | | | | | | |
| 收入增长率 | | | | | | | | | |
| 资产增长率 | | | | | | | | | |

**分析评价**：请根据相关数据做出趋势分析图，并根据趋势图做出分析结论。（例如：×××公司×××指标偏高（偏低），说明……。×××公司×××指标偏高（偏低），说明……。综合以上指标情况可以得出结论为：……）

## 学习情境的相关知识点

详情见学习领域一至学习领域四各工作任务。

> **素养提升**
>
> **行业分析的重要性**
>
> 　　鱼乘于水，鸟乘于风，草木乘于时。鱼是凭借着水的力量才能游动，鸟是凭借风的力量才能飞翔，花草树木是凭借着季节的变化而生长，这都是借助了"势"的力量。而对于企业发展、投资者投资来说，行业就是这个"势"，而行业分析就是对这个"势"进行全面而深入的挖掘与分析。因此行业分析的主要任务就是通过对行业规模、行业趋势等相关数据的分析，来解释行业本身所处的发展阶段及其在国民经济中的地位，分析影响行业发展的各种因素以及判断对行业影响的力度，预测并引导行业的未来发展趋势并判断行业投资价值，揭示行业投资风险。因此财务分析人员应不断审时度势，不仅做到了解企业自身，更应该不断挖掘行业数据，分析行业之"势"，为经营决策建议与投资建议提供有力支撑。

# 学习任务二　筛选投资对象

## 学习情境描述

AJHXJL 矿业科技有限公司于 2003 年成立，是一家集矿山采选技术研究、矿产资源勘查、矿山设计、矿山投资开发、矿产品加工和销售于一体的集团化企业。

公司财务部在物色新的投资对象，因为有色金属冶炼及压延加工业是该公司的下游行业，公司想从该行业中筛选出一个综合能力表现优秀的企业进行投资。请对投资对象进行筛选，并撰写投资分析报告。

## 学习目标

（1）了解财务分析的目的以及投资方的投资需求。

（2）了解投资对象筛选的依据和筛选方法。

（3）能够根据投资对象筛选结果进行宏观环境分析、行业分析和企业经营分析。

（4）能够完整撰写投资分析报告。

## 任务书

作为公司的财务分析专员，你要对初步筛选出的投资对象进行进一步筛选，筛选 1~2 家企业作为投资对象，并对有色金属冶炼及压延加工行业进行宏观环境分析、行业分析，对投资对象进行经营分析，撰写投资分析报告。

## 获取信息

**引导问题 1**：讨论：筛选投资对象可以使用什么方法？

_____

_____

_____

视频：投资对象筛选方法

**引导问题 2**：请结合行业特点讨论：筛选投资对象应该依据哪些指标进行？请列举出 3~5 个。

_____

_____

_____

_____

_____

引导问题 3：PEST 分析是指宏观环境的分析，P 是_____，E 是_____，S 是_____，T 是_____。在分析企业所处的背景的时候，通常是通过这四个因素来分析企业所面临的状况。

引导问题 4：政治环境（包括法律）主要包括哪些内容？请列举出至少 5 个政治（法律）环境的影响因素。

_____

_____

引导问题 5：经济环境主要包括哪些内容？请列举出至少 5 个经济环境的影响因素。

_____

_____

引导问题 6：社会环境主要包括哪些内容？请列举出至少 5 个社会环境的影响因素。

_____

_____

引导问题 7：技术环境主要包括哪些内容？请列举出至少 5 个技术环境的影响因素。

_____

_____

引导问题 8：从宏观环境总体看，对于有色金属行业是否有利？不利因素的影响主要表现在哪些方面？

_____

_____

_____

引导问题 9：从行业层面来看，对于投资对象能够产生重大影响的因素有哪些？它们对于企业是否有利？

_____

_____

_____

引导问题 10：在所选投资对象层面，从盈利能力、偿债能力、营运能力、发展能力四个维度进行比较分析，哪些指标会对投资决策产生重大影响？它们各自的表现如何？

_____

_____

_____

**引导问题11**：从所选投资对象的业务层面来看，哪些业务指标会对投资决策产生重大影响，表现如何？

**引导问题12**：对初步筛选出的投资对象进行进一步筛选，确定筛选依据，筛选出1~2个投资对象。归纳整理行业相关财务指标数据，充分搜集有色金属冶炼及压延加工行业的相关政治、经济、法律政策，及行业相关技术情况。

视频：聚类分析进行投资对象筛选

## 工作实施

根据以下步骤撰写投资分析报告。

### 一、宏观环境分析

请根据搜集到的有色金属冶炼及压延加工行业的相关资料，利用PEST方法对国际、国内宏观经济形势进行分析。

### 二、行业层面分析

请根据归纳整理的行业相关数据，分析有色金属冶炼及压延加工行业的行业特点及发展前景。

### 三、所选企业分析

请从被投资企业所处的生命周期、财务分析以及发展潜力等几个方面进行详细分析。

### 四、投资建议

结合以上三部分的内容做出投资决策的建议。

## 学习情境的相关知识点

### 一、PEST 分析

PEST 分析是指宏观环境的分析，宏观环境又称一般环境，是指一切影响行业和企业的宏观因素。对宏观环境因素作分析，不同行业和企业根据自身特点和经营需要，分析的具体内容会有差异，但一般都应对政治（Political）、经济（Economic）、社会（Social）和技术（Technological）这四大类影响企业发展的主要外部环境因素进行分析。

**1. 政治环境**

政治环境包括一个国家的社会制度，执政党的性质，政府的方针、政策、法令等。不同的国家有着不同的社会性质，不同的社会制度对组织活动有着不同的限制和要求。即使社会制度不变的同一国家，在不同时期，由于执政党的不同，其政府的方针、政策对组织活动的态度和影响也是不断变化的。

PEST 模型分析

政府的政策广泛影响着企业的经营行为，即使在市场经济中较为发达的国家，政府对市场和企业的干预似乎也是有增无减，如反托拉斯、最低工资限制、劳动保护、社会福利等方面。当然，政府的很多干预往往是间接的，常以税率、利率汇率、银行存款准备金为杠杆，运用财政政策和货币政策来实现宏观经济的调控，以及通过干预外汇汇率来确保国际金融与贸易秩序。因此，在制定企业战略时，对政府政策的长期性和短期性的判断与预测十分重要。企业战略应对政府发挥长期作用的政策有必要的准备，对短期性的政策则可视其有效时间或有效周期而做出不同的反应。

市场运作需要有一套能够保证市场秩序的游戏规则和奖惩制度，这就形成了市场的法律系统。作为国家意志的强制表现，法律法规对于规范市场和企业行为有着直接规范作用。立法在经济上的作用主要体现在维护公平竞争、维护消费者利益、维护社会最大利益三个方面。因此企业在制定战略时，要充分了解既有的法律规定，特别要关注那些正在酝酿之中的法律，这是企业在市场中生存、参与竞争的重要前提。

**2. 经济环境**

经济环境主要包括宏观和微观两个方面的内容。宏观经济环境主要指一个国家的人口数量及其增长趋势，国民收入、国民生产总值及其变化情况以及通过这些指标能够反映的国民经济发展水平和发展速度。微观经济环境主要指企业所在地区或所服务地区的消费者的收入水平、消费偏好、储蓄情况、就业程度等因素。这些因素直接决定着企业目前及未来的市场大小。

重要监视的关键经济变量：GDP 及其增长率、可支配收入水平、居民消费（储蓄）倾向、利率、通货膨胀率、规模经济、政府预算赤字、消费模式、失业趋势、劳动生产率水平、汇率、证券市场状况、进出口因素、不同地区和消费群体间的收入差别、价格波动、货币与财政政策等。

**3. 社会环境**

社会环境包括一个国家或地区的居民教育程度和文化水平、宗教信仰、风俗习惯、审美观点、价值观念等。文化水平会影响居民的需求层次；宗教信仰和风俗习惯会禁止或抵制某些活动的进行；价值观念会影响居民对组织目标、组织活动以及组织存在本身的认可度；审美观点则会影响人们对组织活动内容、活动方式以及活动成果的态度。

关键的社会影响因素：妇女生育率、特殊利益集团数量、结婚数、离婚数、人口出生死亡率、人口移进移出率、社会保障计划、人口预期寿命、人均收入、生活方式、平均可支配收入、对政府的信任度、对政府的态度、对工作的态度、购买习惯、对道德的关切度、储蓄倾向、性别角色投资倾向、种族平等状况、节育措施状况、平均教育状况、对退休的态度、对质量的态度、对闲暇的态度、对服务的态度、对老外的态度、污染控制对能源的节约、社会活动项目、社会责任、对职业的态度、对权威的态度、城市城镇和农村的人口变化、宗教信仰状况等。

**4. 技术环境**

技术环境除了要考察与企业所处领域的活动直接相关的技术手段的发展变化外，还应及时了解：

（1）国家对科技开发的投资和支持重点。

（2）该领域技术发展动态和研究开发费用总额。

（3）技术转移和技术商品化速度。

(4) 专利及其保护情况等。

## 二、投资分析报告的基本格式

投资分析报告通常包括四个部分，分别为：宏观环境分析，行业层面分析，所选企业分析以及投资决策建议。其中宏观环境分析通常采用 PEST 分析法进行分析；行业层面分析通常对行业特点、行业竞争力及发展前景等进行分析；所选企业分析通常从企业财务表现及业务层面进行分析；结合以上三个层面的分析做出投资决策建议。

---

**素养提升**

**抓住时机，实现因时而进**

上海证券交易所设立科创板并试点注册制，2019 年该制度逐步落实。该制度的建立，有利于完善我国证券市场交易制度，有利于优质科技企业的回归，并将严格把控退出机制。证券制度的完善将有利于证券公司的发展，利好于券商板块。科创板主要面向新兴高科技企业上市的证券市场，利好科技板块。

2021 年 9 月 2 日晚，习近平总书记在 2021 年中国国际服务贸易交易会全球服务贸易峰会致辞中宣布，继续支持中小企业创新发展，深化新三板改革，设立北京证券交易所，打造服务创新型中小企业主阵地。"专精特新"制造业中小企业正在乘势起飞。"小巨人"企业是"专精特新"中小企业中的佼佼者，是"专注于细分市场、创新能力强、市场占有率高、掌握关键核心技术、质量效益优的排头兵企业"。

可见，只有抓住时机，才能选择具有确定性的投资方向。

# 学习领域五

# Python 项目实战

## 学习任务一　　企业财务数据采集

**学习情境描述**

结合学习领域一到领域三的学习场景，完成比亚迪财务分析实战。利用 Python 完成比亚迪财务数据采集与预处理部分，为后续的数据可视化做准备。

**学习目标**

（1）熟悉 Python 语言基础知识。

（2）掌握数据分析全流程。

（3）掌握网络爬取和数据预处理的具体方法。

**任务书**

为了使公司的管理层做出最优决策，实现资源效用最大化，需要通过大数据技术对企业进行预算管理、运营成本分析、绩效管理等，对企业财务数据信息进行全面分析。请利用 Python 爬取出比亚迪股份有限公司 2011—2021 年十年内的财务数据。

**获取信息**

引导问题 1：利用大数据技术，对数据处理与分析的步骤可分为 _____、_____、_____、_____ 和 _____。

引导问题 2：在 _____、_____、_____ 等网站能查找比亚迪财务数据，选取其中一个网站爬取出所需数据。

分析网页元素

引导问题 3：若在东方财富网上爬取比亚迪股份有限公司十年内的财务数据，需要按 _____ 指标爬取。

**引导问题 4**：对于企业而言，在财务维度可以设置哪些衡量指标？

______________________________________________

______________________________________________

______________________________________________

**引导问题 5**：对于企业而言，在客户维度可以设置哪些衡量指标？

______________________________________________

______________________________________________

______________________________________________

**引导问题 6**：获取哪些重要信息，可以为比亚迪公司决策提供数据支持？

______________________________________________

______________________________________________

**引导问题 7**：图 5－1－1 中代码________是 Python 中获取网页的库。其中________（①或②）为从本地打开一个谷歌浏览器的功能。

```
①from selenium import webdriver  #调用 webdriver 模块
②driver = webdriver.Chrome()    # 设置引擎为 Chrome
```

图 5－1－1　代码

**引导问题 8**：在东方财富网的比亚迪页面单击“检查”按钮，进入显示前端代码，找出图 5－1－2。

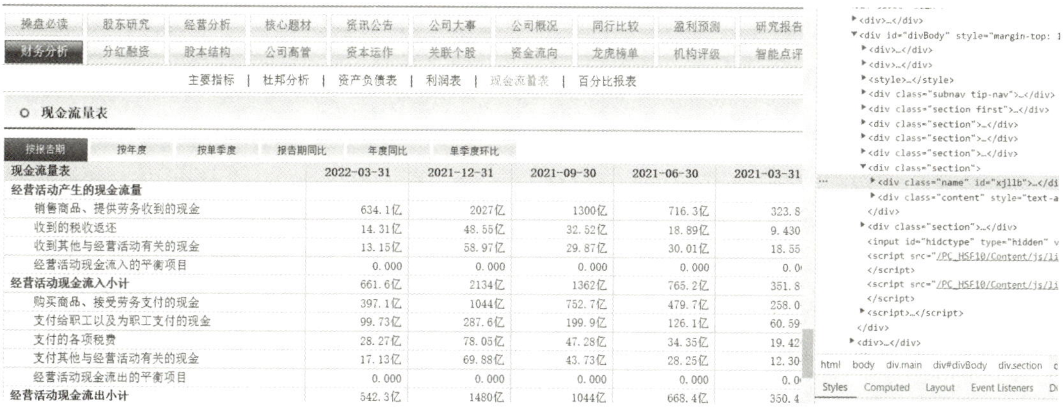

| 现金流量表 | 2022-03-31 | 2021-12-31 | 2021-09-30 | 2021-06-30 | 2021-03-31 |
|---|---|---|---|---|---|
| 经营活动产生的现金流量 | | | | | |
| 销售商品、提供劳务收到的现金 | 634.1亿 | 2027亿 | 1300亿 | 716.3亿 | 323.8 |
| 收到的税收返还 | 14.31亿 | 48.55亿 | 32.52亿 | 18.89亿 | 9.430 |
| 收到其他与经营活动有关的现金 | 13.15亿 | 58.97亿 | 29.87亿 | 30.01亿 | 18.55 |
| 经营活动现金流入的平衡项目 | 0.000 | 0.000 | 0.000 | 0.000 | 0.0 |
| 经营活动现金流入小计 | 661.6亿 | 2134亿 | 1362亿 | 765.2亿 | 351.8 |
| 购买商品、接受劳务支付的现金 | 397.1亿 | 1044亿 | 752.7亿 | 479.7亿 | 258.0 |
| 支付给职工以及为职工支付的现金 | 99.73亿 | 287.6亿 | 199.9亿 | 126.1亿 | 60.59 |
| 支付的各项税费 | 28.27亿 | 78.05亿 | 47.28亿 | 34.35亿 | 19.42 |
| 支付其他与经营活动有关的现金 | 17.13亿 | 69.88亿 | 43.73亿 | 28.25亿 | 12.30 |
| 经营活动现金流出的平衡项目 | 0.000 | 0.000 | 0.000 | 0.000 | 0.0 |
| 经营活动现金流出小计 | 542.3亿 | 1480亿 | 1044亿 | 668.4亿 | 350.4 |

```
<div>…</div>
<div id="divBody" style="margin-top: 1
  <div>…</div>
  <div>…</div>
  <style>…</style>
  <div class="subnav tip-nav">…</div>
  <div class="section first">…</div>
  <div class="section">…</div>
  <div class="section">…</div>
  <div class="section">…</div>
  <div class="section">
    <div class="name" id="xjllb">…</di
    <div class="content" style="text-a
  </div>
  <div class="section">…</div>
  <input id="hidctype" type="hidden" v
  <script src="/PC_HSF10/Content/js/li
  </script>
  <script src="/PC_HSF10/Content/js/li
  </script>
  <script>…</script>
</div>
<div>…</div>
```

图 5－1－2　显示页面

结合前端代码，图 5－1－3 代码中表格的重要属性为________。读取表格的行数据的重要属性为________、________。

**引导问题 9**：调用方法________可以存储为 Excel 文件，__________读取 Excel 文件的方法为________。

```
url = 
'https://emweb.securities.eastmoney.com/PC_HSF10/NewFinanceAnalysis/Index?type=web&code=SZ0025
94&reportDateType=1#zcfzb-0'
driver.get(url) # 打开网页
time.sleep(3) # 程序暂停 3 秒钟，等待网页加载完毕
element = driver.find_element_by_id("report_zcfzb_table") #report_zcfzb_table
tr_content = element.find_element_by_tag_name("tbody").find_elements_by_tag_name("tr")
```

图 5-1-3 代码（表格属性）

**引导问题 10**：数据清洗时，需要考虑哪些因素？

_____

_____

**引导问题 11**：数据筛选与查询时，需要筛选出哪些重要列属性后期进行可视化展示？

_____

_____

**引导问题 12**：如何进行字段计算、增加所需字段属性？

_____

_____

**引导问题 13**：爬取整个汽车行业的数据，完成数据处理需要经过哪些步骤？

_____

_____

_____

## 工作实施

根据东方财富网中比亚迪股份有限公司有关信息，完成 2011—2021 年十年内的财务数据爬取及预处理。

**项目实战一**

为比亚迪公司投资决策提供数据支持，从互联网中爬取比亚迪十年内的财务数据，包括资产负债表、利润表、现金流量表等重要财务数据。以东方财富网（https://finance.eastmoney.com/）上按年度爬取比亚迪 2017—2021 内的财务数据为例。

企业数据爬取
微课视频

**任务一：数据搜索**

（1）查看比亚迪数据：进入东方财富网（图 5-1-4），搜索"比亚迪"，单击"数据"按钮。

（2）进入"财务数据"（图 5-1-5），查看到的数据是按报告期分，进入按年度分（图 5-1-6）。

图 5-1-4 东方财富网页面

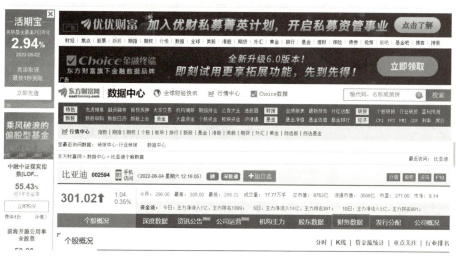

图 5-1-5 东方财富网比亚迪财务数据

图 5-1-6 东方财富网比亚迪财务数据按年度查看

(3) 找到财务分析中的主要指标、杜邦分析、资产负债表、利润表、现金流量表、百分比报表（图5-1-7）。

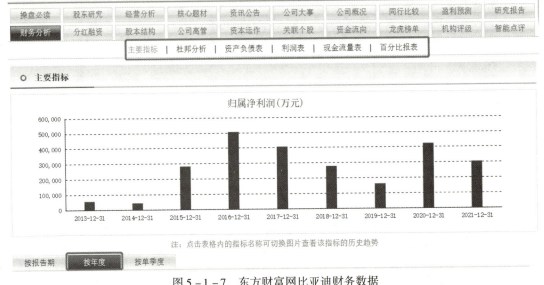

图5-1-7　东方财富网比亚迪财务数据

(4) 按年度查看资产负债表，查看"URL"，分析网页元素（图5-1-8以资产负债为例）。

图5-1-8　东方财富网比亚迪资产负债表网址解析

(5) 刷新网页，在"Network"查看"Name"栏的Index，找到资产负债表的"Request URL"（图5-1-9）。

(6) 查看"Elements"，找到资产负债表所属表格ID"table id"（图5-1-10）。

(7) 根据上述步骤，同理查找利润表、现金流量表的"Request URL"和"table id"，分析网页元素。

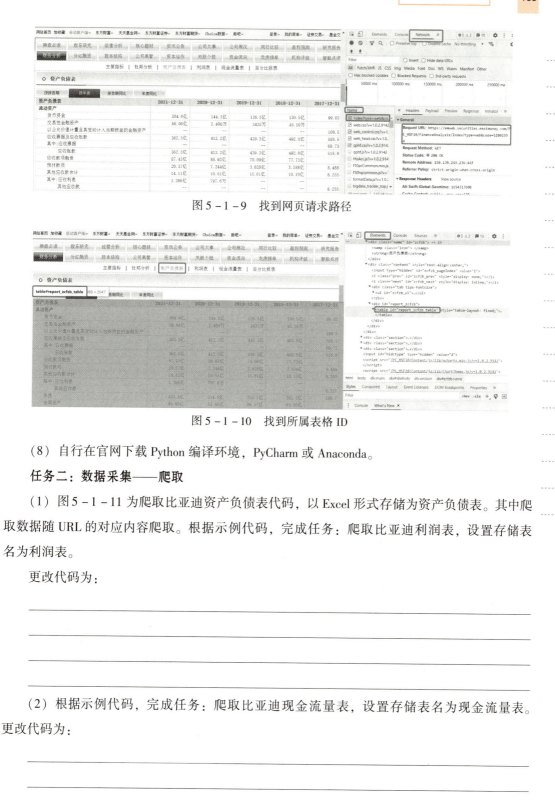

图 5-1-9　找到网页请求路径

图 5-1-10　找到所属表格 ID

（8）自行在官网下载 Python 编译环境，PyCharm 或 Anaconda。

**任务二：数据采集——爬取**

（1）图 5-1-11 为爬取比亚迪资产负债表代码，以 Excel 形式存储为资产负债表。其中爬取数据随 URL 的对应内容爬取。根据示例代码，完成任务：爬取比亚迪利润表，设置存储表名为利润表。

更改代码为：

（2）根据示例代码，完成任务：爬取比亚迪现金流量表，设置存储表名为现金流量表。更改代码为：

```python
#导入扩展库
import time
import pandas as pd
from selenium import webdriver
driver = webdriver.Chrome()      # 设置引擎为Chrome,从本地打开一个Chrome浏览器
# 资产负债表网址
url = 'https://emweb.securities.eastmoney.com/PC_HSF10/NewFinanceAnalysis/Index?type=web&code=SZ002594&reportDateType=1#zcfzb-0'
driver.get(url) # 打开网页
time.sleep(3) # 程序暂停3秒钟,等待网页加载完毕
a = driver.find_element_by_xpath('//span[contains(text(),"按年度")]')#按年度爬取
a.click()
time.sleep(2) # 程序暂停2秒钟,等待网页加载完毕
element = driver.find_element_by_id("report_zcfzb_table") #表格ID(report_zcfzb_table)
tr_content = element.find_element_by_tag_name("tbody").find_elements_by_tag_name("tr")#获取行数据
data=[]
head = []
for tr in tr_content:
    th_content = (tr.find_elements_by_tag_name("th"))
    td_content = (tr.find_elements_by_tag_name("td"))
    lst = []
    ls=[]
    flag = 0
    if th_content is not None:
        for th in th_content:
            ls.append(th.text)
            print(th.text, len(th.text))
            if len(th.text) > 0:
                flag += 1
    if td_content is not None:
        for td in td_content:
            lst.append(td.text)
            print(td.text, len(td.text))
            if len(td.text) > 0:
                flag += 1
    if td_content is not None and len(lst) > 1 and flag > 0:
        data.append(lst)
    if th_content is not None and len(ls) > 1 and flag > 0:
        head.append(ls)
df = pd.DataFrame(columns=head[0])
df.to_excel("资产负债表.xls", index=False)
df = pd.read_excel("资产负债表.xls")
for i, line in enumerate(data):
    row_index = len(df) + 1 + i
    df.loc[row_index] = line
df.to_excel("资产负债表.xls", index=False)#存储"资产负债表"
print("爬取完成!")
```

图5-1-11 爬取代码

(3) 图 5 – 1 – 12、图 5 – 1 – 13 示例代码为更改部分，小组讨论：如何参考更改部分，完成多个表格同时爬取？（一次爬取出上述出三个表，并分别存储）

```python
# 资产负债表、利润表、现金流量表
urls = []
urls.append('https://emweb.securities.eastmoney.com/PC_HSF10/NewFinanceAnalysis/Index?type=web&code=SZ002594&reportDateType=1#zcfzb-0')
urls.append('https://emweb.securities.eastmoney.com/PC_HSF10/NewFinanceAnalysis/Index?type=web&code=SZ002594&reportDateType=1#lrb-0')
urls.append('https://emweb.securities.eastmoney.com/PC_HSF10/NewFinanceAnalysis/Index?type=web&code=SZ002594#xjllb-0')
tableId = []
tableId.append("report_zcfzb_table")
tableId.append("report_lrb_table")
tableId.append("report_xjllb_table")
xlsName = []
xlsName.append("资产负债表.xls")
xlsName.append("利润.xls")
xlsName.append("现金流量表.xls")
for j in range(len(urls)):
    driver = webdriver.Chrome()    # 设置引擎为 Chrome，从本地打开一个 Chrome 浏览器
    driver.get(urls[j]) # 打开网页
    time.sleep(3) #  程序暂停 3 秒钟，等待网页加载完毕
    element = driver.find_element_by_id(tableId[j]) #report_zcfzb_table
    tr_content = element.find_element_by_tag_name("tbody").find_elements_by_tag_name("tr")
```

图 5 – 1 – 12　更改部分 1

```python
#设置表头
df = pd.DataFrame(columns=head[0])
df.to_excel(xlsName[j], index=False)
#读新表
df = pd.read_excel(xlsName[j])
for i, line in enumerate(data):
    row_index = len(df) + 1 + i
    df.loc[row_index] = line
df.to_excel(xlsName[j], index=False)
driver.close()
```

图 5 – 1 – 13　更改部分 2

## 项目实战二

将项目实战一中爬取出的比亚迪2017—2021内的资产负债表、利润表、现金流量表进行数据清洗与处理。

（1）将爬取好的表格数据进行转置，便于后期处理（图5-1-14、图5-1-15），以现金流量表为例。

| | A | B | C | D | E | F |
|---|---|---|---|---|---|---|
| 1 | 现金流量表 | 2021-12-31 | 2020-12-31 | 2019-12-31 | 2018-12-31 | 2017-12-31 |
| 2 | 经营活动产生的现金流量 | | | | | |
| 3 | 销售商品、提供劳务收到的现金 | 2027亿 | 1387亿 | 1072亿 | 1038亿 | 943.4亿 |
| 4 | 收到的税收返还 | 48.55亿 | 64.12亿 | 30.66亿 | 30.41亿 | 13.38亿 |
| 5 | 收到其他与经营活动有关的现金 | 58.97亿 | 36.43亿 | 34.91亿 | 57.06亿 | 18.46亿 |
| 6 | 经营活动现金流入的平衡项目 | 0.000 | 0.000 | 0.000 | 0.000 | 0.000 |
| 7 | 经营活动现金流入小计 | 2134亿 | 1487亿 | 1137亿 | 1126亿 | 975.2亿 |
| 8 | 购买商品、接受劳务支付的现金 | 1044亿 | 692.6亿 | 709.3亿 | 725.8亿 | 680.9亿 |
| 9 | 支付给职工以及为职工支付的现金 | 287.6亿 | 225.2亿 | 203.2亿 | 188.2亿 | 154.8亿 |
| 10 | 支付的各项税费 | 78.05亿 | 61.68亿 | 35.89亿 | 43.71亿 | 35.95亿 |
| 11 | 支付其他与经营活动有关的现金 | 69.88亿 | 53.80亿 | 41.44亿 | 42.64亿 | 37.73亿 |
| 12 | 经营活动现金流出的平衡项目 | 0.000 | 0.000 | 0.000 | 0.000 | 0.000 |
| 13 | 经营活动现金流出小计 | 1480亿 | 1033亿 | 989.8亿 | 1000亿 | 909.5亿 |
| 14 | 经营活动产生的现金流量净额平衡项目 | 0.000 | 0.000 | 0.000 | 0.000 | 0.000 |
| 15 | 经营活动产生的现金流量净额 | 654.7亿 | 453.9亿 | 147.4亿 | 125.2亿 | 65.79亿 |
| 16 | 投资活动产生的现金流量 | | | | | |
| 17 | 收回投资收到的现金 | — | — | — | 2392万 | 1391万 |
| 18 | 取得投资收益收到的现金 | 2.039亿 | 2.453亿 | 6840万 | 7418万 | 4087万 |
| 19 | 资产、无形资产和其他长期资产收回的 | 8.264亿 | 2.590亿 | 4.131亿 | 39.36亿 | 2.138亿 |
| 20 | 处置子公司及其他营业单位收到的现金 | 2.223亿 | 9783万 | -555.2万 | 4.598亿 | 0.000 |
| 21 | 收到的其他与投资活动有关的现金 | 114.7亿 | 182.2亿 | 15.66亿 | 16.71亿 | 31.51亿 |
| 22 | 投资活动现金流入的其他项目 | — | 4.800万 | 3.587亿 | 1060万 | 80.00万 |
| 23 | 投资活动现金流入的平衡项目 | 0.000 | 0.000 | 0.000 | 0.000 | 0.000 |
| 24 | 投资活动现金流入小计 | 127.2亿 | 188.2亿 | 24.01亿 | 61.76亿 | 34.21亿 |
| 25 | 定资产、无形资产和其他长期资产支付 | 373.4亿 | 117.7亿 | 206.3亿 | 178.4亿 | 147.8亿 |
| 26 | 投资支付的现金 | 35.27亿 | 18.37亿 | 10.89亿 | 8.293亿 | 16.07亿 |
| 27 | 得子公司及其他营业单位支付的现金净 | — | — | — | 2687万 | — |
| 28 | 支付其他与投资活动有关的现金 | 172.6亿 | 196.5亿 | 15.66亿 | 17.08亿 | 32.13亿 |
| 29 | 投资活动现金流出的平衡项目 | 0.000 | 0.000 | 0.000 | 0.000 | 0.000 |
| 30 | 投资活动现金流出小计 | 581.3亿 | 332.6亿 | 232.8亿 | 204.1亿 | 196.0亿 |
| 31 | 投资活动产生的现金流量净额平衡项目 | 0.000 | 0.000 | 0.000 | 0.000 | 0.000 |
| 32 | 投资活动产生的现金流量净额 | -454.0亿 | -144.4亿 | -208.8亿 | -142.3亿 | -161.8亿 |

图5-1-14 爬取的现金流量表

| A | B | C | D | E | F | G | H | I | J |
|---|---|---|---|---|---|---|---|---|---|
| 现金流量表 | 动产生的现金 | 、提供劳务收到 | 收到的税收返还 | 他与经营活动有关的现金流入 | | 经营活动现金流入小计 | 品、接受劳务支付 | 以及为职工的各项 | |
| 2021-12-31 | | 2027亿 | 48.55亿 | 58.97亿 | 0.000 | 2134亿 | 1044亿 | 287.6亿 | 78.05亿 |
| 2020-12-31 | | 1387亿 | 64.12亿 | 36.43亿 | 0.000 | 1487亿 | 692.6亿 | 225.2亿 | 61.68亿 |
| 2019-12-31 | | 1072亿 | 30.66亿 | 34.91亿 | 0.000 | 1137亿 | 709.3亿 | 203.2亿 | 35.89亿 |
| 2018-12-31 | | 1038亿 | 30.41亿 | 57.06亿 | 0.000 | 1126亿 | 725.8亿 | 188.2亿 | 43.71亿 |
| 2017-12-31 | | 943.4亿 | 13.38亿 | 18.46亿 | 0.000 | 975.2亿 | 680.9亿 | 154.8亿 | 35.95亿 |

图5-1-15 转置后的现金流量表

（2）与步骤（1）同理，把对应的资产负债表、利润表转置。

（3）仔细查看数据，完成数据清洗——重复值处理、缺失值处理、其他异常处理。在数据处理前，先明确数据存在的问题，再针对个别问题逐一击破。

数据清洗——重复值处理（图5-1-16、表5-1-1、表5-1-2）。

图5-1-16 重复项查找、删除代码

表 5-1-1　duplicated( )常用参数描述

| 常用参数 | 描述 |
| --- | --- |
| subset | 根据特定列识别重复项，默认使用所有列 |
| keep | 确定要标记的重复项，默认参数：first 表示标记第一次出现的重复项；last 表示标记最后一次出现的重复项；False 表示标记所有重复项 |

表 5-1-2　drop_duplicated( )常用参数描述

| 常用参数 | 描述 |
| --- | --- |
| subset | 根据特定列识别重复项，默认使用所有列 |
| keep | 确定要标记的重复项，默认参数：first 表示标记第一次出现的重复项；last 表示标记最后一次出现的重复项。False 表示标记所有重复项 |
| inplace | 默认为 False，True 表示直接在原数据上删除 |
| Ignore_index | 重建索引，默认为 False |

数据清洗——缺失值处理（图 5-1-17、表 5-1-3）。

```
#删除缺失值
xjllb_clean.dropna(axis=1, how="all", inplace=True)
```

图 5-1-17　删除缺失值代码

表 5-1-3　dropna ( )函数常用参数

| 常用参数 | 描述 |
| --- | --- |
| axis | 默认：axis = 0，表示删除包含缺失值的行；axis = 1，表示删除包含缺失值的列 |
| how | 默认：how = "any"，表示删除含有缺失值的所有行或列；how = "all"，表示删除全为缺失值的行或列 |
| thresh | int，保留含有 int 个非空值的行、列 |
| subset | 对特定列进行缺失值删除 |
| inplace | 默认为 False，True 表示直接在原数据上删除 |

数据清洗——其他异常处理（图 5-1-18、表 5-1-4）。

```
#其他异常处理
xjllb_clean=xjllb_clean.applymap(lambda x : str(x).replace('--', '0').replace("0.0","0")
                    .replace("0.000","0").replace('亿', ''))
#强制类型转换浮点数
xjllb_clean = xjllb_clean.astype('float')
```

图 5-1-18　其他异常处理代码

表 5-1-4　astype( )函数常用参数

| 常用参数 | 描述 |
| --- | --- |
| dtype | 数据类型：将整个对象转换成相同类型，也可对特定列进行转换 |
| copy | 布尔值，默认为 True，表示返回一个副本 |
| errors | 针对数据类型转换无效引发异常的处理，默认为 raise，表示允许引发异常，errors = "ignore" 抑制异常，错误时返回原始对象 |

（4）参照以上步骤，完成资产负债表、现金流量表的数据清洗与处理。

更改代码完成资产负债表、现金流量表的读取与写入（图 5-1-19 为利润表读取代码示例）。

```
import pandas as pd
from matplotlib import pyplot as plt
# 读取利润表数据
xjllb_clean = pd.read_excel('./利润表（转置）.xlsx',sheet_name = 'Sheet1',index_col=0)
#
```

图 5-1-19　代码示例

根据学习领域一、二、三分析需求，筛选出资产负债表、现金流量表需要的指标，便于后续可视化分析。[图 5-1-20 为利润表筛选（营业总收入——净利润）示例]。

| 利润表（年度） | 营业总收入 | 营业总成本 | 营业成本 | 销售费用 | 管理费用 | 研发费用 | 财务费用 | 其他收益 | 营业利润 | 利润总额 | 净利润 |
| --- | --- | --- | --- | --- | --- | --- | --- | --- | --- | --- | --- |
| 2021-12-31 | 2161 | 2126 | 1880 | 60.82 | 57.1 | 79.91 | 17.87 | 22.7 | 46.32 | 45.18 | 39.67 |
| 2020-12-31 | 1566 | 1490 | 1263 | 50.56 | 43.21 | 74.65 | 37.63 | 16.95 | 70.86 | 68.83 | 60.14 |
| 2019-12-31 | 1277 | 1256 | 1069 | 43.46 | 41.41 | 56.29 | 30.14 | 17.24 | 23.12 | 24.31 | 21.19 |
| 2018-12-31 | 1301 | 1270 | 1087 | 47.29 | 37.6 | 49.89 | 26.35 | 23.28 | 42.42 | 43.86 | 35.56 |
| 2017-12-31 | 1059 | 1014 | 857.8 | 49.25 | 30.47 | 37.39 | 23.14 | 12.49 | 54.11 | 56.21 | 49.17 |

图 5-1-20　利润表筛选示例

对读取的数据进行数据清洗与处理，完成资产负债表、现金流量表的数据清洗与处理（图 5-1-21 为利润表示例）。

```
#删除缺失值
xjllb_clean.dropna(axis=1, how="all", inplace=True)
#条件筛选
xjllb_clean = xjllb_clean[["营业总收入","营业总成本","营业成本","销售费用","管理费用","研发费用",
                          "财务费用","其他收益","营业利润","利润总额","净利润"]]
#其他异常处理
xjllb_clean=xjllb_clean.applymap(lambda x : str(x).replace('--', '0').replace("0.0","0")
                                .replace("0.000","0").replace('亿', ''))
#强制类型转换浮点数
xjllb_clean = xjllb_clean.astype('float')
xjllb_clean.to_excel("test.xls")#保存为测试文件
```

图 5-1-21  数据清洗与处理代码示例

## 学习情境的相关知识点

## 一、Python 数据分析

　　Python 数据分析时常用的 Numpy、Pandas、Matplotlib、Selenium 和 Scikit-learn 等基础库。Numpy 是 Python 的一种开源数值计算扩展库,这种工具可以用于存储和处理大型矩阵,比 Python 自身的嵌套列表结构要高效很多。Pandas 是基于 Numpy 的一种工具,是为了解决数据分析任务而创建的,它提供了大量的库和标准数据模型,以及高效便捷地处理大型数据集所需的函数与方法。Matplotlib 是一个 Python 的 2D 绘图库,它是基于各种硬拷贝格式和跨平台的交互式环境生成的出版质量级别的图形。Selenium 是自动化测试工具,支持多种浏览器,在爬虫中主要用来解决 JavaSript 渲染的问题。Scikit-learn 简称（Sklearn）是 SciPy 的扩展,建立在 Numpy 和 Matplotlib 库的基础之上,支持分类、回归、降维和聚类等机器学习算法。

　　Python 数据采集用到的是 Selenium、Numpy、Pandas 等。Python 数据分析的五个步骤（图 5-1-22）为：数据采集；数据预处理；数据存储与管理；数据分析与挖掘；数据可视化。

图 5-1-22  数据分析流程

## 二、数据采集

数据采集又称数据获取，是指从传感器和其他待测设备等模拟和数字被测单元中自动采集信息的过程（图5-1-23）。随着网络化信息数据越来越多，数据量日益剧增，单独通过网页数据获取信息的困难度加大。目前通过互联网数据爬取（爬虫技术）是有效提取并利用数据的主流工具之一。

图5-1-23　数据采集

爬虫是一种按照特定规则自动抓取网页信息的程序。爬虫的目的在于将目标网页数据下载到本地存储，便于后期进行数据分析与挖掘。Python是一门非常适合网络爬取的编程语言。

## 三、数据预处理

数据预处理的本质是为了将原始数据转换为可以理解的格式或者符合一定目的进行数据分析的某种格式。数据预处理主要包括数据清洗、数据集成、数据转换、数据简化、数据离散化。由于数据量太大，低质量的数据会影响数据分析与挖掘的结果，因此在进行数据分析与挖掘前，需要把"脏数据"清洗掉，存储高质量的数据集。数据预处理常用的Python库有Pandas、Numpy，涉及的函数有Pandas中的series、dataframe，Numpy中的array、random等。

## 四、数据存储与管理

将爬取出的数据清洗好后需要将数据保存在本地，方便后续直接调用，保存文件类型包括Json格式、Csv格式、Excel格式等，具体保存的文件类型根据爬取的文件类型确定。

## 五、数据分析与挖掘

数据分析与挖掘是一个决策支持的过程，主要基于机器学习、人工智能、模式识别、数据库、可视化等知识和技术，自动化、智能化分析企业的数据，做出归纳性的推理，挖掘出数据潜在的价值，规避风险，以助于企业做出正确决策。数据挖掘常用的方法有分类、聚类、关联规则、偏差分析、回归分析和Web页挖掘等。

## 六、数据可视化

数据可视化是将数据以视觉形式表达出来的科学技术。这些技术方法允许利用图形/图像处理、计算机视觉以及用户界面，通过表达、建模以及对立体、表面、属性和动画的显示，对数据加以可视化解释，更直观、有效地传达信息。数据可视化分为统计数据可视化、关系数据可视化和地理空间数据可视化三类。

**素养提升**

　　财务会计人员应该勤于思考、敢于创新，在企业的资源配制下，做好计划、组织、控制、协调、监督工作，把企业系统打造成一个永动机，并不断提出新的观点和要求。

## 学习任务二　数据可视化

### 学习情境描述

根据企业财务数据采集任务实战中的处理后的比亚迪股份有限公司的财务数据信息，通过 Python 进行重要财务指标分析与挖掘，最终实现可视化展示，使公司的管理层做出最优决策，实现资源效用最大化。

### 学习目标

（1）熟悉大数据分析与挖掘、大数据可视化的概念与内容。
（2）掌握企业应用关键指标对财务数据特征分析的流程。
（3）掌握 Matplotlib 库、Pyecharts 库的初级应用。

### 任务书

为了使公司的管理层能够做到聚焦于企业的战略，真正有效地分析公司的财务数据，带动公司向纵深发展，比亚迪利用 Python 对企业财务指标进行分析及数据可视化。请结合比亚迪的案例，利用特征分析法对该公司的财务指标进行分析，并提出意见。

### 获取信息

**引导问题 1：** 企业财务分析需要分析哪些重要指标？

_____
_____
_____
_____

**引导问题 2：** 对采集与预处理的数据分析与挖掘后，为什么要可视化呈现？

_____
_____
_____
_____

**引导问题 3：** 一般来说，分析一些指标的变动趋势，利用_____图可视化呈现；反映一些指标的占比情况利用_____图可视化呈现。

**引导问题 4：** 利用 Python 对企业财务指标分析及可视化常用的库有_____。

**引导问题 5：** Matplotlib 最核心的模块是_____模块。其模块中绘制折线图的方法是_____，绘制柱状图的方法是_____，绘制饼图的方法是_____。

**引导问题 6**：保存绘制图形的方法是_____，显示图形的方法是_____。

**引导问题 7**：如何用 Python 设置中文字体为"黑体"、中文状态下负号为"正常"？

_____

_____

_____

**引导问题 8**：如何设置图形的标签、标题？

_____

_____

_____

**引导问题 9**：设置双轴图——图形组合一般设置_____个维度（$x$ 轴），_____个指标（$y$ 轴）；显示组合图形时多用方法_____。

**引导问题 10**：利用 Python 数据可视化与 Excel 工具可视化有什么不同之处？

_____

_____

_____

_____

## 工作实施

仔细查看比亚迪股份有限公司的财务数据指标信息，请选取出该公司关键指标，进行分析与挖掘，根据需求目的，实现相应可视化展示，并提出相关建议。

企业业务采集实战中已经成功从互联网中爬取比亚迪十年内的财务数据，包括资产负债表、利润表、现金流量表等重要财务数据。对数据进行分析挖掘、提取或计算重要指标数据，并进行可视化展示，可以帮助比亚迪实现盈利能力分析、偿债能力分析、营运能力分析、发展能力分析（图 5-2-1～图 5-2-12）。（参照学习领域三——财务比率分析与综合分析）

（1）读取利润表，对利润表的营业总收入变动趋势可视化分析（以折线图为例）。

```
#设置中文字体为黑体、中文状态下负号为正常
plt.rcParams['font.family']='Simhei'
plt.rcParams['axes.unicode_minus']=False
x = xjllb_clean.index.values
y1 = xjllb_clean['营业总收入'].values
plt.plot(x,y1,linewidth=2,color='red',linestyle='--',marker='.',label="营业总收入")
plt.show()#显示图例
```

图 5-2-1 设置代码（折线图）

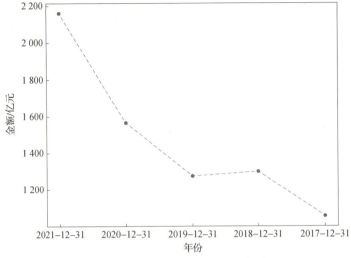

图 5-2-2　营业总收入变动趋势折线图

（2）读取利润表，对利润表的营业总收入情况可视化分析（以柱状图为例）。

```
#设置中文字体为黑体、中文状态下负号为正常
plt.rcParams['font.family']='Simhei'
plt.rcParams['axes.unicode_minus']=False
plt.bar(lrb_clean.index,height=lrb_clean['营业总成本'],label='营业总成本')#指定数据#设置柱状图
#plt.bar(lrb_clean['营业总成本'])
#设置标签、标题
plt.xlabel('年份')
plt.ylabel('金额（亿）')
plt.title('5 年内营业总收入&营业总成本变化趋势')
plt.savefig('双柱状图.png')# 保存图形
plt.show()#显示图例
```

图 5-2-3　设置代码（柱状图）

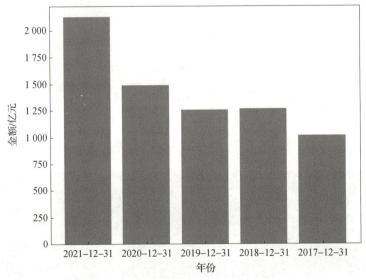

图 5-2-4　营业总收入情况柱状图

（3）读取利润表，对利润表销售费用、管理费用、研发费用、财务费用占比情况可视化分析（以饼图为例）。

```
#设置中文字体为黑体、中文状态下负号为正常
plt.rcParams['font.family']='Simhei'
plt.rcParams['axes.unicode_minus']=False
zhichu = [lrb_clean[' 销售费用'].iloc[0], lrb_clean['管理费用'].iloc[0],lrb_clean['研发费用'].iloc[0],
lrb_clean['财务费用'].iloc[0]]#取出各项指标的索引值
biaoji = ['销售费用', '管理费用', '研发费用', '财务费用']
plt.pie(zhichu,labels=biaoji,autopct='%.2f%%')#指定数据
plt.title('2021年四项费用支出占比')#设置标签、标题
plt.savefig('饼图.png')# 保存图形
plt.show()
```

图 5-2-5 设置代码（饼图）

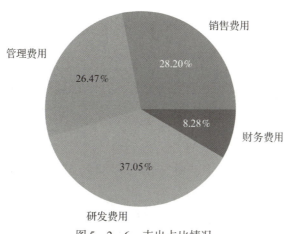

图 5-2-6 支出占比情况

（4）读取利润表，对利润表的营业总收入和营业总成本对比可视化分析（以双折线图组合为例）。

```
#设置中文字体为黑体、中文状态下负号为正常
plt.rcParams['font.family']='Simhei'
plt.rcParams['axes.unicode_minus']=False
plt.plot(lrb_clean['营业总收入'],marker='.')#指定数据
plt.plot(lrb_clean['营业总成本'],marker='s')
#plt.bar(lrb_clean['营业总成本'])
#设置标签、标题
plt.xlabel('年份')
plt.ylabel('金额（亿）')
plt.title('5年内营业总收入&营业总成本变化趋势')
plt.legend()#显示图例
plt.savefig('双折线.png')# 保存图形
plt.show()
```

图 5-2-7 设置代码（双折线图）

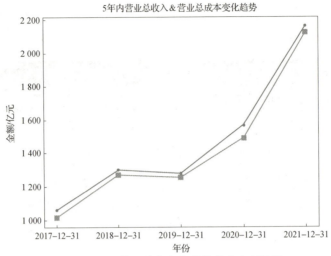

图 5-2-8 营业总收入和营业总成本双轴图

(5) 读取利润表,对利润表的营业总收入和营业总成本对比可视化分析(以柱状图组合为例)。

```
#设置中文字体为黑体、中文状态下负号为正常
plt.rcParams['font.family']='Simhei'
plt.rcParams['axes.unicode_minus']=False
k = np.arange(len(lrb_clean.index))
#指定数据
width = 0.25
#plt.plot(lrb_clean['营业总收入'],marker='.',color="red",label='营业总收入')
plt.bar(k - width/2, height=lrb_clean['营业总收入'][::-1],label='营业总收入',width=0.25)
plt.bar(k + width/2, height=lrb_clean['营业总成本'][::-1],label='营业总成本',width=0.25)
#plt.bar(lrb_clean['营业总成本'])
#设置标签、标题
plt.xticks(k, lrb_clean.index[::-1])
plt.xlabel('年份')
plt.ylabel('金额(亿)')
plt.title('5 年内营业总收入&营业总成本变化趋势')
plt.legend()#显示图例
plt.savefig('双柱状图.png')# 保存图形
plt.show()
```

图 5-2-9 设置代码(双柱状图)

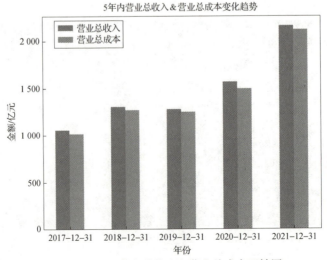

图 5-2-10 营业总收入和营业总成本双轴图

（6）读取利润表，对利润表的营业总收入和营业总成本对比可视化分析（以柱状图和折线图组合为例）。

```
#设置中文字体为黑体、中文状态下负号为正常
plt.rcParams['font.family']='Simhei'
plt.rcParams['axes.unicode_minus']=False
x = xjllb_clean.index.values
y1 = xjllb_clean['营业总收入'].values
y2 = xjllb_clean['营业总成本'].values
plt.plot(x,y1,linewidth=2,color='red',linestyle='--',marker='.',label="营业总收入")
plt.bar(x,y2,linewidth=2,color='lightblue',label="营业总成本")
plt.legend()#显示(组合图)
plt.show()#显示图例
```

图 5-2-11　代码

图 5-2-12　营业总收入和营业总成本双轴图

参数前面的操作，根据已有的财务数据完成比亚迪盈利能力分析、偿债能力分析、营运能力分析、发展能力分析。

（1）盈利能力分析需要哪些重要指标？请结合数据预处理部分，筛选出相应指标，并选择合适的图形，实现数据可视化展示。

_____
_____
_____
_____

（2）偿债能力分析需要哪些重要指标？请结合数据预处理部分，筛选出相应指标，并选择合适的图形，实现数据可视化展示。

(3) 营运能力分析需要哪些重要指标？请结合数据预处理部分，筛选出相应指标，并选择合适的图形，实现数据可视化展示。

(4) 发展能力分析需要哪些重要指标？请结合数据预处理部分，筛选出相应指标，并选择合适的图形，实现数据可视化展示。

(5) 整合盈利能力、偿债能力、营运能力、发展能力的可视化图形展示，结合所学专业知识对企业进行经营分析，并给出相应建议。

(6) 分别将资产负债率趋势、营业收入增长率趋势、营业利润增长率趋势与整个行业做对比，进行可视化展示，结合所学专业知识对企业进行经营分析，给出相应建议。

## 学习情境的相关知识点

### 一、数据可视化

数据可视化可以增强数据呈现的效果，方便用户以更加直观的方式观察和理解数据，发掘数据的潜在价值，快速、高效地看清数据的本质，并使数据价值最大化。Matplotlib 和 Pyecharts 是 Python 中常用的可视化库，为数据可视化提供了高效、便捷的处理方式，能够让用户快速绘制图表，实现数据挖掘与分析的目的。数据可视化呈现之前，可以利用建模工具和运算工具对财务指标和经营指标进行建模、分析和存储，完成数据分析与存储之后，再利用可视化工具将分析结果展示。

## 二、数据可视化常用的库

数据可视化常用的库有 Matplotlib、Echarts、Pyecharts、Pandas 等。

Matplotlib 仅需几行代码，就能够生成各种格式的图形，如折线图、柱状图、散点图、饼图等，生成的图形质量较高。Matplotlib 最核心的模块是 pyplot 模块，几乎所有的 2D 图形都是通过该模块绘制。Echarts 是一个由百度开源的数据可视化库，除了支持常规的折线图、柱状图、饼图等基本图形外，还支持树形图、地理图、3D 图以及组合图形。而 Pyecharts 是一个用于生成 Echarts 图表的类库，通常将 Echarts 和 Python 对接来实现 Python 中直接使用数据生成的 Echarts 图标的功能。Pyecharts 支持的图标类型繁多，包括基本图形、直角坐标系、树形图、地理图、3D 图等。Pandas 作图函数 plot 也可完成基本图形的绘制。

## 三、数据可视化应用

可视化分析结果的展示包含销售商品的排行图（柱状图、条形图、玫瑰饼图等）、销售区域分布图（中国地图、百度地图、环状饼图等）、经营能力分析双轴图等。根据企业情况对大数据分析的结果进行合理的可视化展示，可为企业战略部署、经营决策提供参考依据。

---

**素养提升**

### 数智化财务共享中心——财务的现在与未来

互联网 + 背景下和经济全球化的浪潮中，企业规模不断扩大，信息沟通日趋复杂，建设财务共享中心成为企业财务转型的重要举措。截至 2021 年年底，中国境内的共享服务中心已经超过 1 000 家，这也令财务的未来发展更加激动人心。

然而共享服务中心并非想象中的财务组织架构的一次调整，或是信息系统的上线，而是观念、流程、系统、组织、人员的再造，这需要财务共享中心的管理者及团队转变思维，结合本公司的业务，从战略、技术及团队人员等方面不断优化运营管理，提升绩效，对决策支持提供更加充分、及时、准确的信息。势所必然，共享中心将逐步转型成为企业的数字中心。但数据的运用与分析、基于数据的流程再造同样也是共享中心运营中的难点。新岗位、新技术也给财务人员带来的新的机遇与挑战。这就要求财务人员不仅能够准确进行财务核算，而且要求财务人员学会新的数据分析工具，挖掘数据、分析数据、运用数据，同时培养流程思维、掌握流程架构与设计的方法与技能，助力企业数字化转型。

来源：https://www.sohu.com/a/550010514_121379735

# 参 考 文 献

[1] 财政部. 企业会计准则.

[2] 张新民，钱爱民. 财务报表分析［M］. 北京：中国人民大学出版社，2008.

[3] 袁天荣. 企业财务分析［M］. 北京：机械工业出版社，2018.

[4] 张先治，陈友邦. 财务分析［M］. 大连：东北财经大学出版社，2013.

[5] 陈强. 企业财务分析［M］. 北京：高等教育出版社，2021.

[6] 余瑰，赖金明. 财务报表分析［M］. 西安：西北工业大学出版社，2012.

[7] 陆兴凤. 财务报表分析［M］. 北京：高等教育出版社，2020.